USOS DE
«SER» Y «ESTAR»

J. A. DE MOLINA·REDONDO

Catedrático de "Lingüística General" de la Universidad de Granada

J. ORTEGA OLIVARES

Prof. Titular de "Lingüística General" de la Universidad de Granada

USOS DE
«SER» Y «ESTAR»

Colección: «PROBLEMAS BÁSICOS DEL ESPAÑOL»

SOCIEDAD GENERAL ESPAÑOLA DE LIBRERÍA, S. A.

Primera edición, 1987

Produce:
    SGEL-Educación. Marqués de Valdeiglesias, 5 - 28004 MADRID

© J. A. de Molina y J. Ortega, 1987
© Sociedad General Española de Librería, S. A., 1987.
    Avda. Valdelaparra, 11 - Alcobendas-Madrid

ISBN: 84-7143-372-9
Depósito Legal: M. 39.571 - 1987
Impreso en España / *Printed in Spain*

Compone: RAÍZ, S. L.
Imprime: GRÁFICAS PEÑALARA
Encuaderna: ARANCHAMAGO

INTRODUCCIÓN

1. PRESENTACIÓN

*Es ya tópica la afirmación de que uno de los puntos más complicados de la gramática del español es el constituido por los usos de los verbos **ser** y **estar**. Conviene precisar que si por gramática se entiende "ciertos aspectos de la estructura y del funcionamiento de una lengua", no existe tal complejidad; queremos con ello decir que los hispanohablantes, en general, utilizan con la misma facilidad y con la misma adecuación los verbos **ser** y **estar** que el resto de los verbos de su lengua. Por contra, si entendemos por gramática "el estudio de esos aspectos de la estructura y del funcionamiento de una lengua", la afirmación inicial está plenamente justificada. Dos tipos de personas son testimonio excepcional de ello: por un lado, los gramáticos que, empeñados en desentrañar tales usos, observan casi siempre con impotencia cómo sus intentos de explicación tropiezan una y otra vez con dificultades que parecen insalvables; por otro, aquellos que estudian el español como segunda —o tercera, etc.— lengua, una vez adquirido el dominio de la materna (y de otra u otras más, en su caso); dicho estudio está guiado, en muchas ocasiones, precisamente por las explicaciones de los gramáticos.*

¿De dónde procede esa complejidad? Una primera respuesta es clara, aunque mínima o nulamente informativa: de la existencia en español de dos verbos para cumplir ciertas funciones y para dar cabida a ciertos contenidos que en otras

9

*lenguas —en la mayoría— son encomendados a un solo verbo. Decir que en algunas lenguas —catalán y portugués, por ejemplo— se dan hechos parecidos, si bien en distinta medida, o que la complejidad se ha producido por la entrada paulatina, pero persistente, de **estar** en el dominio de **ser**, es aclarar muy poco. Queden aquí, de cualquier modo, las dos afirmaciones anteriores.*

*Lo que nosotros vamos a decir al respecto se encontrará en las páginas siguientes. Pero parece necesario hacer algunas aclaraciones previas. En primer lugar, somos absolutamente conscientes de que el problema no queda aquí totalmente resuelto —algunos incluso pensarán, y quizá no les falte razón, que no se ha avanzado nada—. En nuestro (relativo) descargo podemos apuntar dos razones: a) la propia dificultad del problema, cuya resolución exigiría una investigación paciente y exhaustiva, a la que no renunciamos de forma definitiva, pero que hasta el momento no nos ha sido posible hacer; b) las características de la colección en que este trabajo se incluye (**Problemas básicos del español**), destinada fundamentalmente a proporcionar informaciones útiles y criterios prácticos a los estudiantes de nuestra lengua (casi siempre extranjeros) en los aspectos que parecen de más difícil captación y asimilación (entre ellos se encuentra sin duda, como ya hemos indicado, el de los usos de **ser** y **estar**).*

Precisamente este segundo hecho agudiza aún más la siempre difícil situación del estudioso —en este caso, del gramático—, obligado a buscar un (inestable) equilibrio entre la simplicidad y claridad de su propuesta teórica y el respeto siempre debido a los fenómenos lingüísticos que pretende explicar —o, al menos, describir—. Hemos querido, en este punto, ser extremadamente cautos: intentar englobar —si es que ello resulta posible, dicho sea de paso— todos los usos de estos verbos partiendo de un solo principio teórico del que derive a su vez un único criterio práctico de aplicación nos habría obligado a apelar a conceptos tan abstractos y generales que difícilmente podría esperarse de ellos un rendimiento mí-

nimo. Por el contrario, acudir a una vasta casuística de ejemplos, excepciones, situaciones posibles, vacilaciones, etc., es un riesgo evidente de que el trabajo quedara reducido a un mero recetario, quizá útil para consultas muy concretas, pero desprovisto del hilo teórico que, por delgado que sea, nos parece imprescindible en cualquier estudio lingüístico, incluso en los de orientación más práctica.

2. PREÁMBULO TEÓRICO

*Está fuera de lugar aquí entrar en disquisiciones sobre qué es un lengua. Pero habrá que establecer algún acuerdo mínimo. Una lengua proporciona a sus hablantes los recursos necesarios para hacer dos cosas (entre otras, claro está): 1) poner nombres a las "cosas"; 2) decir algo sobre las "cosas"; no hay lengua donde los dos hechos anteriores no se cumplan. Desde esta perspectiva, todos los elementos significativos de una lengua son **nombres,** todos sirven para "nombrar" algo; también es cierto que las necesidades del nombrar son variadas y que de ello resultan posibilidades diferentes; sin ánimo de exhaustividad, como mera ejemplificación, lo que queremos decir es lo siguiente: hay que dar nombre a las "entidades" (que son de diverso orden), y surgen los "sustantivos", **mesa,** por ejemplo; nombramos los "procesos", y tenemos los "verbos", así **cantar;** las "propiedades" de las entidades son nombradas mediante los "adjetivos", como **grande;** si se trata de las "propiedades" de los procesos tenemos los "adverbios", valga **bien.** Tomando "entidad", "proceso" y "propiedad" en un sentido suficientemente amplio parece que, teóricamente, así ya podemos nombrarlo todo; pero sólo, adviértase, nombrarlo, y además de una forma muy genérica; la precisión del nombrar acarrea otras consecuencias. Sigamos con meros ejemplos. Podemos referirnos a "una" entidad, **mesa,** o a "más de una", **mesa-s;** ya se ha introducido algo nuevo: un elemento que "nombra" el "plural"; y asistimos a otro hecho relevante: si parece lógico que para nom-*

brar dos entidades distintas acudamos a elementos diferentes, **mesa** y **casa**, por ejemplo, ¿qué diferencia hay entre el plural de uno y otro? Ninguna, y de ahí **mesas** y **casas**. Adecuación a sus finalidades y economía de la lengua explican que así se produzcan las cosas. Hay más, sin embargo. En relación con las entidades no es sólo el número lo que interesa; otras precisiones son necesarias; por decirlo ahora de modo muy simplificado, hay que delimitar las entidades unas de otras, y para ello puede atenderse a diversos rasgos: "determinación", "localización", "relación con los que nombran", "identidad", etc.; nuevas realidades (los ragos mencionados), nuevos nombres; y el mismo comportamiento arriba señalado: **la mesa, la casa; esta mesa, mi mesa; otra mesa, otra casa**, etc.

Por otro lado, las "propiedades" han sido caracterizadas como propiedades de algo; sólo las nombramos, pues, cuando el algo ha sido nombrado, y así tenemos, siempre como ejemplos, **mesa grande, mesas grandes** (donde el plural de **grandes** es mero reflejo, no estrictamente necesario, del de **mesas), cantar bien,** etc. En la precisión del nombrar se producen, sin duda, otros hechos. He aquí algunos. Para delimitar una entidad puede acudirse a su relación con otra, y resulta necesario nombrar esa relación; nuevo nombre, por tanto: **mesa de madera.** La delimitación del nombre de un proceso admite otras posibilidades distintas de la mostrada en **cantar bien;** así, por ejemplo, **comprar un libro;** este caso parece más complejo. ¿Cuántos nombres, en el sentido en que lo estamos empleando, hay aquí? **Comprar un libro** es el nombre del proceso delimitado; **comprar** es el nombre del proceso a secas; **un libro** es el nombre de una entidad delimitada, pero, a su vez, contribuye a la delimitación del nombre del proceso mediante su relación con **comprar;** ahora bien, a diferencia de en **mesa "de" madera,** aquí no hay elemento explícito que marque tal relación. Quedan abiertas, creemos, dos elecciones: 1) pensar que en **comprar un libro** hemos rebasado el ámbito del "nombrar"; 2) optar por considerar que también es un modo de nombrar, un "nombre" (en el sentido *ya aludido), la función de* **un libro** *respecto a* **comprar.** *La decisión parece que debe posponerse al examen de otros aspectos del funcionamiento de la lengua.*

Pero prosigamos. Porque, hecho que nos parece decisivo, "nombrar" no es todavía "hablar"; para hablar es necesario "decir": hay que **decir algo sobre las cosas.** *Respetando el término clásico, tiene que haber "predicación", cuyo reflejo mínimo —y en circunstancias ideales— como producto es la unidad que llamamos* **oración,** *también con término tradicional. Vistas así las cosas, siempre que hay una oración existe predicación; no parece adecuado, pues, reservar el nombre de "predicativas" para un tipo especial de oraciones: todas lo son, todas tienen predicado (sintaxis) y todas predican algo (semántica). Tratando por una vez de prescindir del prurito binarista, proponemos la siguiente clasificación primaria de las estructuras oracionales del español (el orden es arbitrario):*

a) *con atributo (atributivas):* **El nuevo empleado es muy trabajador;**

b) *con complemento directo (transitivas):* **Ya he leído la novela;**

c) *con suplemento:* **Pensé mucho en vosotros;**

d) *sin ninguna de las funciones anteriores:* **Los marcianos no existen.**

(Hay otros tipos en los que no nos detenemos.)

Y definimos la oración atributiva del siguiente modo: "oración en la cual al sujeto, siempre de naturaleza nominal, se le aplica lo significado por el elemento que funciona como atributo a través del verbo correspondiente"; hay que añadir que hablamos de atributo cuando el elemento, o el grupo de elementos, en cuestión es reproducido junto al verbo mediante la forma pronominal **lo,** *y sólo mediante ella, independientemente de su género y número; además, y siempre que los elementos relacionados lo permitan, el sujeto y el atributo*

13

concuerdan en género y número. La restricción que significa la conmutación por *lo* obliga a considerar que los únicos verbos que aparecen en esta estructura son *ser, estar* y *parecer* (y aun este último puede considerarse como un auxiliar de "apariencia" de los otros dos; *cf.*, al respecto

El niño es alto ⎫
⎬ El niño parece *(ser/estar)* alto
El niño está alto ⎭

Parece claro que habrá acuerdo → Parece **estar** claro que habrá acuerdo.

Parece inútil que os preocupéis → Parece **ser/que** es inútil que os preocupéis.

Si la nómina de verbos atributivos quiere ampliarse será necesario admitir también la conmutación mediante **así**; *véanse los siguientes ejemplos:*

La película resultó aburrida → La película resultó **así**.

El accidentado se quedó cojo → El accidentado se quedó **así**.

Se puso impertinente → Se puso **así**.

o mediante otra forma neutra:

La película resultó un fracaso → La película resultó **eso**.

Otras precisiones se harán más adelante.

3. ESTRUCTURA DEL PRESENTE TRABAJO

Nuestro proceder ha sido el siguiente. Prescindiendo del que podemos llamar "uso absoluto" de **ser** *(tan poco frecuente, como se verá) y de algunas posibles (sólo posibles) excepciones, representadas por ciertas construcciones a las que rotulamos "impersonales", el hecho general del que partimos puede reflejarse en el simplicísimo esquema siguiente (simplicísimo por lo que muestra, no por lo que se esconde bajo él):*

$$A + \genfrac{}{}{0pt}{}{ser}{estar} + B$$

Se trata, en síntesis, de dos elementos (o secuencias de elementos), nominados convencionalmente *A* y *B*, entre los cuales los verbos **ser** y **estar** sirven de enlace o nexo; hay que añadir que *A* es el elemento (y procuramos emplear una terminología lo más "neutra" posible) al que siempre está referido, por más que sea de modos diferentes, el elemento *B*; en palabras menos neutras, y más tradicionales, *A* es siempre el soporte del resto de lo significado por la construcción. Si este hecho general merece un nombre especial, que encorsete el concepto correspondiente, es cuestión que no nos ha preocupado. Y es necesario hacer ya una aclaración: **ser** y **estar** no son los únicos verbos españoles que aparecen en esta construcción; y no decimos esto porque el esquema, tal como ha sido presentado hasta el momento, admita cualquier verbo (salvo que se use sin complementos de cualquier tipo), sino porque en una concepción algo más "fuerte", en la que *B* esté referido "directamente" a *A*, tal como se refleja en el esquema modificado

$$A + verbo + B$$

también hay otros muchos verbos, además de **ser** y **estar,** que pueden utilizarse; recuérdese, en relación con el hecho señalado, que ha sido justamente éste el motivo de que diversos autores hayan podido hablar del "sistema atributivo" del español, incluyendo en él a todos esos otros verbos.

Una vez admitido este único hecho general, procedemos a señalar tres "funciones" —en un sentido lato de este término, equivalente a "comportamiento"— distintas en estos verbos:

1) cuando funcionan con significado propio, como verbos "autosemánticos" (el que suele llamarse "uso predicativo" de **ser** y **estar;** para nosotros, "uso no atributivo; **vid.** antes);

2) cuando funcionan como auxiliares de otro verbo, que aparece en forma no personal (participio o gerundio); es el llamado "uso auxiliar";

3) cuando su función se limita, con los valores que ya se indicarán, a servir de enlace o nexo entre los elementos A y B; se trata del "uso copulativo" según algunos, "usos atributivo" según otros.

Aunque con cierta flexibilidad, a esta distinción responde la ordenación de nuestro trabajo. Tal ordenación ha planteado algunos problemas. Es bien sabido que los hechos sintácticos, semánticos y pragmáticos no se corresponden estrictamente: esquemas sintácticos diferentes pueden dar cauce a un mismo esquema semántico y, a la inversa, un mismo esquema sintáctico puede reflejar esquemas semánticos diferentes; además, y sobre todo cuando se persiguen fines prácticos, es impensable la posibilidad de prescindir de los que en general llamamos factores pragmáticos: intención del hablante, estado del oyente (u oyentes), contexto, conocimientos de los participantes en la comunicación, etc. Todo ello nos ha obligado, en algunas ocasiones, a alterar la ordenación indicada; en otras, a introducir comentarios marginales, o casi, al punto que se esté estudiando; bastantes de las **Observaciones** repartidas a lo largo del libro responden a esta necesidad.

La referencia que hemos hecho a los factores pragmáticos nos da pie para una observación que consideramos esencial. Aunque nos hemos esforzado por ser explícitos sobre las "circunstancias" en que tal o cual construcción puede resultar, además de correcta gramatical y semánticamente, adecuada desde el punto de vista pragmático, sabíamos de antemano que era imposible atender en este pequeño trabajo a todas las situaciones imaginables —si es que acaso éstas existen en un número finito—, por lo que resulta muy importante la guía del profesor para suplir todas las informaciones de este tipo que faltan en muchos casos. A pesar de todo, estamos convencidos de que un estudiante aislado, o un grupo de estudiantes, podrá también sacar provecho de la paciente lectura y del de-

tenido estudio de estas páginas. Lo que acabamos de decir explica también las características que presentan algunos de los ejercicios que componen la segunda parte de este volumen (como ocurre en los otros títulos de la colección).

*Como era de esperar, sobre **ser** y **estar** se ha derramado mucha tinta. En el lugar correspondiente incluimos una bibliografía —mejor, una selección bibliográfica—, que será, sin duda, útil para aquellos que quieran profundizar en este asunto o que quieran allegar más información sobre algunos de los puntos aquí tocados. Por nuestra parte, quede aquí constancia de nuestro débito con todos los que han tratado este problema; si hemos reducido al mínimo las notas a pie de página ha sido por varios motivos, entre los que se encuentran: algunos hechos muy concretos, así como ciertas consideraciones marginales, se han incluido en las **Observaciones;** las notas bibliográficas representan una erudición y una honradez inexcusables en otro tipo de trabajos, pero aquí constituirían, creemos, más un estorbo que una ayuda: quien profundice en el estudio de estos problemas podrá hacerse pronto una idea clara de cuál ha sido la aportación de los distintos estudiosos.*

Únicamente nos resta expresar nuestro deseo de que este libro, siquiera sea en pequeña medida, contribuya a hacer menos difícil el conocimiento de una parcela complicada de la lengua española. Con ello nos daríamos por satisfechos.

PRIMERA PARTE:

USOS NO ATRIBUTIVOS

I

«SER» COMO VERBO DE «EXISTENCIA» Y «SUCESO»

1. El verbo *ser* presenta el significado de 'existir'. En realidad, este significado se encuentra, la mayoría de las veces, en frases hechas, citas, determinadas fórmulas, etc.:

— Dios *es.*
— «*Ser* o no *ser*».
— *Érase* una vez un príncipe que...

Observación

El carácter arcaizante o de fórmula estereotipada que presentan estos ejemplos es evidente, por lo cual resultan apropiados sólo en ciertas situaciones comunicativas o en contextos muy determinados. Si se quieren emplear expresiones que estén más de acuerdo con la técnica actual de la lengua y que se acomoden con más facilidad al uso común, basta con sustituir *ser* por *existir:*

— Dios existe.
— Existía una vez un príncipe que...

o por la expresión existencial de *haber* en forma impersonal:

— Hay Dios.
— Había una vez un príncipe que...

2. Uno de los significados más frecuentes que presenta *ser* es el que lo circunscribe, de uno u otro modo, al ámbito significativo de los verbos de 'suceso' *(ocurrir, suceder, tener lugar, celebrarse, efectuarse, pasar,* etc.). Para esto es necesario que el núcleo del sujeto de la oración en que haya de aparecer *ser* responda a la selección semántica impuesta por el sentido de la serie de verbos citados; es decir, debe tratarse de nombres (o expresiones pronominales que hagan referencia a ellos) que, propiamente o por sentido traslaticio, denoten:

a) acciones, procesos o fenómenos que se produzcan espontáneamente, o

b) actos formales, de naturaleza social (en sentido amplio).

Son, como es fácil imaginar, numerosísimos los nombres de este tipo. A guisa de ejemplo, he aquí unos cuantos: *accidente, bautizo, comida, concierto, charla, coloquio, defensa, desastre, emergencia, enlace, función, hecatombe, imprevisto, incidencia, lance, milagro, novedad, odisea, percance, peripecia, recital, reunión, suceso, terremoto,* etc. (1)

3. Por otra parte, si bien es verdad que lo significado por cualquier verbo remite a unas circunstancias determinadas, esto se hace aún más patente con los de 'suceso'; de ahí que las oraciones de *ser* con este significado lleven casi siempre un complemento —o varios— que denote(n) alguna(s) de ella(s); las indicaciones más frecuentes son las de tiempo, lugar, modo y causa. Véanse a continuación algunas posibilidades:

---

(1) Entre ellos se encuentran nombres con el sufijo -*azo* (si éste aporta el significado de 'acción violenta' o 'golpe'), como *chispazo, choquetazo, porrazo, portazo,* etc.; con -*aje* (en caso de nombres derivados a partir de bases que signifiquen 'acción'), como *aprendizaje, aterrizaje,* etc.; con -*ción,* como *aparición, inspección, instalación, manifestación, presentación, recepción, reparación,* etc.; y, en general, todos los derivados que significan acciones de las características ya apuntadas.

1) Sujeto + *ser* + localización temporal:

— Entonces, la asamblea *será* la semana que viene, ¿no?
— ¿Y al final hubo boda y todo? — ¡Claro! El enlace *fue* hace dos días.
— Anoche oí un portazo. — ¿Un portazo? ¿A qué hora *fue?*

2) Sujeto + *ser* + localización espacial:

— Ayer hubo un accidente. — ¿Sí? ¿Y dónde *fue?*
— Si tu padre quiere, el bautizo *será* en el pueblo.
— La salida *es* por aquí.

3) Sujeto + *ser* + indicación modal:

— La reunión *es* a puerta cerrada.
— El baile *será* con disfraces de época.

Observación

El empleo de *estar* con indicaciones, en principio, análogas, pertenece, sin embargo, al que llamamos uso atributivo (*vid.* más adelante 3.ª parte, IX, 5).

4) Sujeto + *ser* + indicación causal:

— La pelea *ha sido* por una tontería.
— La subida de los crudos *fue* a causa de motivos políticos.

Como es lógico, la expresión de una de estas circunstancias no es incompatible con las demás, de modo que las combinaciones pueden ser muy variadas; a continuación se dan unos cuantos ejemplos de ellas:

5) Sujeto + *ser* + tiempo + lugar + modo + causa:

— La proyección de la película no *fue* a las diez, en la sala del colegio, como se había anunciado, por falta de electricidad.

6) Sujeto + *ser* + tiempo + espacio:

— La próxima función *será* el martes en el mismo local.

7) Sujeto + *ser* + tiempo + lugar + modo:

— El consejo *fue* a la hora prevista, en el salón de plenos, a puerta cerrada.

II

«SER» Y «ESTAR» EN EXPRESIONES DE LOCALIZACIÓN

1. De manera más o menos explícita, todas las gramáticas y trabajos monográficos que se ocupan de los usos «no atributivos» de *estar* consideran como su valor básico el de indicar 'situación en el espacio' o 'localización'. Esta opinión, sin embargo, sólo refleja una verdad a medias; en relación con ella hay que hacer al menos dos precisiones, que son las que examinamos a continuación.

2. En primer lugar, es necesario tener en cuenta las características del referente (la cosa designada) por el nombre que se quiere situar en el espacio o lugar: *estar* se emplea obligatoriamente cuando tal referente puede ser incluido en el grupo de las que llamamos «entidades» (es decir, personas, animales, objetos). Véanse los siguientes ejemplos:

— El vaso *está* en la mesa.
— Los niños *están* en el jardín desde hace más de dos horas.
— El perro *estaba* detrás de la puerta.
— Las flores que me regalaste ayer *están* en el salón.

En cuanto el nombre hace referencia a algo que no es «entidad», es precisamente el otro verbo que estudiamos el que debe emplearse (*vid.* antes, I.3). Valgan aquí un par de ejemplos más:

25

— La pelea *fue* a la salida del teatro.
— Los partidos de fútbol suelen *ser* los domingos.

En segundo lugar, hay que recordar que la localización no se da sólo en el espacio, sino que puede ser también «temporal». Ahora bien, las «entidades» no admiten una localización «absoluta» en el tiempo; es perfectamente normal decir *La pelea fue el domingo pasado,* mientras que son anormales (violan reglas del «saber elocucional», del «hablar en general», y no sólo ya de la lengua española) oraciones como **El vaso fue el domingo pasado, *El vaso estuvo el domingo pasado,* salvo usos figurados o metafóricos, o construcciones «elípticas»; en relación con esto último, piénsese que, dadas las circunstancias apropiadas, una oración como *El vaso estuvo el domingo pasado* puede entenderse como (de modo más o menos aproximado) 'el vaso estuvo preparado (dispuesto, a punto, etc.) el domingo pasado', construcción que conserva, sin duda, el sentido temporal (la localización en el tiempo), pero que presenta una estructura muy distinta de la que aquí estamos considerando. Sin embargo, las «entidades» sí que pueden ser objeto de lo que llamaremos «localización relativa»; se da este tipo de localización cuando la entidad en cuestión se halla «jerarquizada», «ordenada» dentro de un entorno, de un desarrollo, de una sucesividad temporal que de alguna manera la engloba, la enmarca de modo permanente o transitorio, esencial o accidental, interno o externo; en este caso, es de nuevo el verbo *estar* el que se emplea; he aquí algunos ejemplos:

— La mujer *estaba* en el cuarto mes de embarazo.
— Cuando el niño *estaba* todavía en los primeros meses de su vida, ya se percibían en él síntomas de anormalidad.
— Mi libro *está* en las primeras fases de elaboración.

En el primer ejemplo, la sucesividad temporal, el marco, está constituido por los nueves meses que normalmente dura el embarazo; en el segundo, se trata de todos los meses que comprende una vida; en el tercero, se hace referencia a las diversas fases que conlleva la elaboración de un libro. Y dentro de esa sucesividad o marco se produce la localización «relativa», que requiere, además del uso del verbo *estar,* el empleo de elementos que la marquen de una forma explícita; en concreto, en los ejemplos aducidos se trata de *cuarto, primeros* y *primeras.*

Observación 1

Cuando en las líneas anteriores hemos dicho que se usa *estar* «obligatoriamente» entiéndase que con ello sólo queremos indicar que no puede utilizarse *ser;* como es sabido pueden aparecer otros verbos que también indican localización:

> — Los niños *se hallan* en el jardín.
> — El vaso *se encuentra* sobre la mesa.

así como el propio verbo *estar* con otros elementos:

> — El perro *estaba escondido* detrás de la puerta.
> — Las flores *estaban tiradas* en el suelo.

Observación 2

Conviene tener en cuenta que hay nombres en español que tanto pueden referirse a «entidades» como a «acontecimientos», «actos» o «actividades»; en estos casos, como es lógico, la elección de los verbos *ser* o *estar* depende del valor que quiera darse a los nombres correspondientes; así ocurre en los siguientes ejemplos:

> — Las clases *están* en el segundo piso (*clase,* 'aula, local donde se desarrolla la actividad docente'; entidad, por tanto).
> — Las clases *son* en el segundo piso (*clase,* 'actividad que se desarrolla en las aulas').
> — La comida *está* en la cocina (*comida,* 'conjunto de alimentos'; entidad).
> — La comida *es* en la cocina (*comida,* 'acción o acto de comer').

Observación 3

Pese a lo dicho hasta el momento, hay varios casos en que, aun tratándose claramente de «entidades», puede usarse, sin embargo, el verbo ser. Véanse los siguientes ejemplos:

> — ¿Dónde *es* Correos? — Correos *es* a la vuelta de la esquina.
> — ¿Dónde *es* el lavabo? — *Es* al final del pasillo.

— ¿Dónde *es* la oficina de información? — *Es* muy cerca de aquí.
— Aquí *es* el estanco.

Como criterio práctico puede apuntarse el siguiente: cuando se trata de localizar edificios, inmuebles o partes de éstos (téngase en cuenta los ejemplos anteriores), el verbo *estar* lleva a cabo una localización «neutra», sin connotaciones ni implicaciones de ningún tipo; el verbo *ser,* por su parte, implica o presupone una localización «relativa»; es decir, en relación con otros inmuebles o con el resto del inmueble. En tanto no se capte y se domine bien la diferencia, parece oportuno recomendar a los estudiantes de español que usen el verbo *estar* en estas oraciones.

Quizá pueda apuntarse también que la diferencia entre usar *estar* y *ser* parece radicar, más que en el contenido representativo, en el modo en que éste se ve expresado. En efecto, se utiliza una pregunta como *¿Dónde está el estanco?* pura y simplemente para obtener información sobre la localización de una determinada entidad. En cambio, preguntar *¿Dónde es el estanco?* conlleva algo más: cierto énfasis sobre el término *dónde;* de acuerdo con esto, *¿Dónde es el estanco?* podría interpretarse como variante de *¿Dónde es donde está el estanco?* Si en lugar de preguntas se trata de aseveraciones, también cabe la misma interpretación:

Donde *está* Correos *es* a la vuelta de la esquina → Correos *es* a la vuelta de la esquina (*vid.* VII, 1.6, B 1).

Observación 4

Otros nombres que denoten entidades concretas pueden también construirse como sujeto de expresiones con *ser* y complemento locativo; he aquí algunos ejemplos:

— ¿Dónde *es* el cuadro? — *Es* a la derecha del espejo.
— ¿Dónde *son* estos libros? — Debajo de la enciclopedia.
— ¿Dónde *es* el reloj? — El reloj *es* aquí, junto a la chimenea.
— ¿Dónde *soy* yo? — Entre papá y Luisa.

Contrariamente a lo que acabamos de ver en la *Observación 3,* la diferencia entre estas oraciones y las correspondientes con *estar (¿Dónde está el cuadro?,* etc.) no es ya simplemente de énfasis; en efecto, *¿Dónde está el cuadro?* es una pregunta que presupone la localización del cuadro (precisamente por ella se pregunta); por el contrario, *¿Dónde es el cuadro?* no sólo no presupone una localización previa, sino que es una pregunta consultiva acerca de en qué lugar «hay que» colocar el cuadro, de modo que la respuesta puede presentar, al menos, dos formas: a) *Es a la derecha del espejo;* b) *Ponlo/Póngalo a la derecha del espejo,* que constituyen auténticas instrucciones perfectamente acordes con el carácter consultivo de la pregunta. Se ve, pues, que en estos casos el uso de *ser* indica dónde debe ser emplazada alguna entidad, convirtiéndose el enunciado en una instrucción o, caso de ser desconocida esta circunstancia, en una consulta al interlocutor sobre ella.

Observación 5

La indicación temporal con *ser* puede también aplicarse a sujetos no referidos, aparentemente al menos, a sucesos, acciones, actividades, etc.; así se comprueba en los siguientes ejemplos:

— ¿Cuándo *es* mi coche? — *Será* dentro de unos momentos.
— ¿Cuándo *soy* yo? — Enseguida, tan pronto como salga este paciente.
— Mire: primero la cocina, después el salón y luego la terraza. — ¿Y cuándo *es* el baño? — ¡Ah, el baño, sí!: *es* antes que la cocina.

Estas construcciones con *ser* se refieren al momento u ocasión en que determinada acción ocurre o es llevada a cabo; ahora bien, esa acción, consabida por los interlocutores, no se verbaliza en el enunciado, en el que sólo aparece mencionado el objeto de ella *(mi coche, yo, el baño,* en los ejemplos dados). De ahí que, reconstruyendo los contextos apropiados, el primero de los ejemplos pueda ser parafraseado como

— ¿Cuándo le toca a mi coche?

refiriéndose al hecho de ser lavado, por ejemplo; el segundo, muy apropiado en la sala de espera de un médico, puede serlo en los términos de

— ¿Cuándo me toca a mí?

o

— ¿Cuándo voy a entrar yo?

En otros casos, y siempre que el contexto lo permita (esto es, la acción consabida), cabe interpretar la pregunta como mecanismo consultivo y la respuesta como instrucción; así ocurre con el ejemplo tercero, que podemos interpretar de este modo: «A le dijo a B que primero *limpiara* la cocina, después el salón y luego la terraza; B le preguntó cuándo *debería limpiar* el baño; A contestó diciendo que lo *hiciera* antes que la cocina». En cualquier caso, como puede apreciarse, es la cualidad de la acción presupuesta la que, en última instancia, motiva una u otra interpretación.

Observación 6

Como habrá podido observarse, en todos los ejemplos que hemos considerado hasta el momento el nombre que hace referencia a la entidad aludida es un nombre que aparece gramaticalmente determinado (con artículo, posesivo, etc.). En el aspecto semántico y sobre todo en el pragmático ello significa que se trata de una entidad conocida, consabida. De modo que una oración como

— Un hombre *está* en el jardín.

que puede considerarse irreprochable desde el punto de vista gramatical, sólo lo es desde una perspectiva pragmática si estamos hablando de varios hombres, si predicamos algo haciendo una distinción entre ellos (por ejemplo, que algunos se han quedado en el interior de la casa y que otro, al que nos referimos en el ejemplo, está en el jardín). A falta de esta situación o contexto, la oración anterior no se emite nunca en español. En otras palabras, si se trata de la primera mención de una entidad, no previamente presentada, no consabida, el verbo que se emplea en español es el verbo *haber* en construcción impersonal:

— *Hay* un hombre en el jardín.

La utilización de *estar* para indicar la localización de una entidad (o grupo de entidades) requiere, en consecuencia, que se trate de una entidad ya presentada o consabida, o que sea una entidad que desgajamos de un conjunto ya presentado (o presente en el contexto); en el primer caso, el nombre correspondiente aparece gramaticalmente determinado (con artículo, demostrativo o posesivo); en el segundo, aparecen los determinantes indefinidos *(un, otro, muchos,* etc.).

3. Debemos mencionar ahora otras expresiones de localización temporal con *ser* y *estar* —muy fosilizadas en su estructura y bastante frecuentes—. Para *ser* se trata de las siguientes:

a) La pregunta y la expresión de la hora:

> — *¿Qué hora es? — Es la una.*
> — *Son las diez y media.*

en estos casos parece útil extraer del contexto situacional otras circunstancias (locativas, modales, etc.), por lo que lo prioritario es ofrecer información sobre el sujeto de *ser,* esto es, la hora. Cualquier particularidad no subsumible por la generalidad de esta situación debe ser explícitamente mencionada:

> — Dentro de unos momentos *serán* las doce en punto.
> — *Eran* las tres cuando sonó la alarma.
> — *¿Son* las dos? — Las dos ya *han sido.*
> — *Son* aproximadamente las cinco y media.

Repárese que en estos casos, a diferencia de los siguientes, el «nombre» de la hora es el sujeto de *ser* (hay concordancia entre elemento nominal y verbo).

b) Expresión de la fecha; los puntos de referencia pueden ser el mes, el año o los días de la semana o del mes:

> — Hoy *es* (día) ocho.
> — Hoy *es* ocho de enero.
> — *Es* ocho de enero de 1987.
> — *Es* miércoles.

La cantidad de información acumulada depende, como es lógico, de la situación comunicativa. Consideramos que estas expresiones, como las siguientes, son «impersonales»: el verbo aparece inmovilizado en tercera persona de singular (no entramos en la cuestión, poco relevante desde el punto de vista práctico, de si algunos elementos de posible aparición, como *hoy, ayer, ahora, entonces,* etc., pueden ser considerados sujetos de la oración.

c) Constatación, mediata o inmediata, de un momento más o menos amplio ligado al transcurso del tiempo: el día, la noche, el mediodía, la medianoche, las estaciones del año:

— Ya *es* primavera.
— Todavía no *es* verano.
— Dentro de diez días *será* otoño.
— *Es* mediodía.
— *Es* medianoche.
— *Es* de día.
— *Es* de noche.

(Obsérvese el uso obligatorio en los dos últimos casos de la preposición *de.*)

d) Con los adverbios de tiempo *pronto, temprano, tarde.* Los tres son relativos y suponen una finalidad (verbalizada como término de *para* o no):

— *Es* tarde.
— *Es* pronto para comer.
— *Es* demasiado temprano para levantarse.
— Ya *es* tarde. ¡Vámonos!

e) En imperfecto de indicativo y con elementos nominales del tipo de los empleados en los puntos anteriores, describe el marco en que algo (expreso o no) ocurrió:

— *Era* un caluroso día del mes de julio cuando nos vimos.
— *Era* agosto, lo recuerdo muy bien.

f) Con el nombre *hora* (que puede ir acompañado de algún adjetivo, pero no de un determinante), se expresa el tiempo o momento apropiado para algo:

— Ya *es* hora.
— No *es* hora todavía.
— *Es* mala hora.

— No *es* hora de ir a casa de nadie.
— No *es* buena hora para hacer lo que dices.

g) En combinación con el nombre *vez* precedido de *única, última* o el numeral ordinal correspondiente con artículo, y seguido el conjunto de una secuencia introducida por *que,* se indica que lo expresado por la secuencia es la *n* vez que ocurre:

— *Es* la primera vez que me pasa algo así.
— *Es* la segunda vez que me rompo el brazo.
— Entonces *fue* la última vez que la vi.

4. Como ya hemos señalado para el verbo *ser,* también el verbo *estar* se usa para indicar localización temporal con nombres de horas, días, meses, años y, en general, los que indican períodos tradicionalmente establecidos de tiempo *(era, época, edad,* etc.). La diferencia es de construcción: *estar* se emplea en la persona 'nosotros' y el nombre va precedido de preposición *(a,* con nombres de días; *en,* en los demás casos):

— *Estamos* a (día) cinco de agosto.
— Si hoy es lunes, mañana *estaremos* a martes.
— *Estábamos* en abril cuando te conocí.
— Cuando pasen cinco años *estaremos* en 1992.
— Dentro de un par de semanas *estaremos* ya en invierno.

Observación 1

Un uso equivalente se da con referencia a los grados de temperatura:

— *Estamos* a 25 grados.
— *Hemos estado* durante una semana a bajo cero.

Como se ve, en estos casos se usa igualmente la preposición *a.*

Observación 2

Aunque la situación no sea frecuente en la realidad, la persona del verbo puede cambiar dadas las circunstancias adecuadas. Así, si hablamos con una persona por teléfono, y aquélla se encuentra en un lugar con la diferencia horaria correspondiente, podemos emplear una expresión como

— ¡Ah, claro!, aquí estamos a domingo, pero vosotros *estáis* a lunes.

Observación 3

Algunas construcciones con *ser* estudiadas en este apartado presentan el rasgo común de poder ser consideradas expresiones abreviadas de otras, y responden, al igual que estas últimas, a motivos de énfasis. Más adelante se examinará con detalle el funcionamiento de *ser* como elemento enfatizador.

III

USOS DE «SER» («ESTAR») + «PARA»...

1. Con *para* y su correspondiente término, *ser* se convierte en instrumento indicador de una finalidad, objetivo o propósito. Una paráfrasis más completa del significado de la construcción nos muestra las siguientes posibilidades:

a) El sujeto de la oración, que representa una entidad, es el objeto de cierta acción realizada para alguien:

> — Este libro *es para* ti.
> — Las flores *son para* tu madre.

En los ejemplos anteriores la «acción realizada» no se «verbaliza», no se expresa lingüísticamente, pero tiene que estar presente en el contexto y ser comprendida por el receptor del mensaje; por ejemplo, 'este libro lo han comprado para ti', etcétera. Véase el caso siguiente, en el que sí aparece mencionada tal acción:

> — También he comprado tabaco. Dáselo. *Es para* él.

b) El sujeto (entidad) es el objeto de cierta acción realizada con la finalidad de que otra llegue a ser realidad:

> — Las flores *son para* que veas que no nos olvidamos de ti.
> — Este signo de aquí *es para* saber dónde estamos.
> — La cucharita *es para* tomar el postre.

A diferencia de lo que ocurre en los casos anteriores, la acción que ha de llegar a ser realidad puede quedar implícita (recuérdese lo que acabamos de decir en a):

> — La mesa *es para* el jardín.
> — Toma también estas pastillas. *Son para* la cabeza.
> — ¿El tocadiscos *es para* la fiesta?

En estos ejemplos es necesario entender algo así como, respectivamente, 'ponerla en el jardín', 'combatir el dolor de cabeza', 'usarlo en la fiesta'.

c) El sujeto (actividad humana) es una acción realizada para alguien:

> — La fiesta de esta tarde *es para* los niños.
> — La recepción *es para* el Rey.

d) El sujeto (actividad humana) es una acción realizada con la finalidad de que otra llegue a ser realidad:

> — El encuentro de los dos presidentes *fue para* que se viera con claridad el alcance del acuerdo.
> — La visita *fue para* demostrar la buena voluntad de su país.

Observación 1

Estos valores, generalmente asociados a *para*, pueden también presentarse mediante el uso de ciertas locuciones prepositivas, tales como *a beneficio de, a favor de, con el fin de, con objeto de,* etc.:

> — Las negociaciones *fueron a favor de* la paz.
> — La colecta *será a beneficio de* los pobres de la parroquia.
> — Esta emisión de bonos *es con objeto de* que se fomente el ahorro.
> — La investigación de la policía *fue con el fin de* descubrir alguna pista.

Observación 2

La preposición *contra* y la locución *en contra de* parecen actuar en el mismo sentido, aunque con valor negativo:

> — El artículo *es contra* el gobierno.
> — El artículo *es en contra del* gobierno.

2. En algunos casos la preposición *para* pierde el significado asociado a la 'finalidad' y adquiere otros. Considérense estos ejemplos:

> — La ciudad no *es para* mí.
> — La lectura no *es para* mí.

Estas oraciones pueden ser interpretadas de dos maneras: a) los sintagmas *la ciudad* y *la lectura* no se refieren, respectivamente, ni a una ciudad entre otras ni a una determinada y concreta acción de leer, sino a los rasgos comunes que definen la clase constituida por esas entidades o acciones; en este caso el grupo *para mí* no puede ser entendido en sentido final, sino como indicador de la «adecuación» (o «inadecuación», cuando se trata de predicados negativos) entre la clase y el término, de naturaleza personal, introducido por *para*: 'la ciudad (en general) no me resulta apropiada', 'la lectura (en general) no me resulta apropiada'; b) los sintagmas mencionados aluden a realidades concretas; en este caso, además de admitirse la interpretación anterior ('esta ciudad no me resulta apropiada'), es posible la que hemos indicado anteriormente en a) y c): 'esta ciudad no es el objeto de una acción realizada para mí', 'esta lectura no es realizada para mí'.

3. La interpretación es paralela cuando nos encontramos la construcción *para* + proposición. Así, en caso de que se aluda a una clase, la proposición adquiere carácter general o impersonal y surge la noción de «adecuación»:

> — El campo *es para* vivir en él.
> — La ciudad *es para* tener mucho dinero.
> — La comida *es para* comérsela.
> — Las mujeres no *son para* quedarse en casa.

Dado el carácter general de la referencia que se logra con estas estructuras, el hablante las utiliza en la conversación como expresiones «deónticas» universales; esto es, aparecen como enunciados que indican qué se puede o se debe hacer o no hacer. Los contextos más usuales de aparición y las finalidades que en ellos cumplen parecen ser los siguientes:

1) Tras una orden o ruego, para justificar una u otro; si éstos no se encuentran verbalizados, la expresión que nos ocupa equivale a la emisión de los mismos:

— ¡Niño, no hagas tonterías con la mantequilla! La comida no *es para* desperdiciarla!
— ¡El dinero *es para* guardarlo!

El último ejemplo es más o menos equivalente a *¡Guarda el dinero que tienes!* o *¡No gastes el dinero porque es para guardarlo!*

2) Para sancionar deónticamente el contenido de un hecho particular o general descrito en un enunciado previo, haciéndolo positiva o negativamente:

— Estoy ansioso por ir a la mili. — Me parece lógico: los hombres *son para* servir a la patria.
— No quiero hacer la mili. — Esto está muy mal: los hombres *son para* servir a su patria.

3) Para dejar constancia de que el hablante se opone al contenido deóntico de otra expresión o lo corrige; el alcance de ésta puede ser general o particular:

— Hay que dejar libre al delincuente. — No: el delincuente *es para* estar en la cárcel.
— Tengo que trabajar todo lo que pueda para ser rico el día de mañana.
— ¿Para qué? La vida *es para* vivirla.

Igualmente pueden corroborar el contenido de la expresión previa:

— Los delincuentes deberían andar libres por las calles. — Desde luego: *son para* que se les trate igual que a todo el mundo.
— Tengo que hacer muchas cosas esta semana. — Haces bien: el tiempo *es para* aprovecharlo .

4) Para justificar tanto la respuesta a una pregunta como la aceptación o rechazo de órdenes y ruegos:

— ¿Vas a vivir en la ciudad y dejar el campo? — No. La ciudad *es para* tener mucho dinero.
— ¡Lava hoy los platos, por favor! — Los hombres no *son para* hacer esas cosas.

5) Si aparece en secuencia con expresiones del tipo *di-ga(s) lo que diga(s), pensemos lo que pensemos,* etc., la construcción *ser para* invalida cualquier tipo de presu-puesto cuyo contenido no se identifique con el que ella muestre:

— Digas lo que digas, los hijos *son para* cuidar de sus padres.
— Digamos lo que digamos, la vejez *es para* tenerle miedo.
— Tú pensarás lo que quieras, pero una niña no *es para* estar a esas horas en la calle.

Observación 1

El mismo valor que venimos comentando se da, con carác-ter individual, cuando el sujeto hace referencia a entidades concretas; véanse algunos ejemplos:

— ¿Te instalarás en Madrid? — Esa ciudad *es para* tener mucho dinero.
— Venden esa casa por poco dinero. — Desde luego *es para* comprarla.
— Deberías visitar a la tía Carmen. — *No soy para* que me digan lo que tengo que hacer.
— Mira, di lo que quieras, pero lo que te han hecho *es para* no mirar-les más a la cara.

Observación 2

Todos estos ejemplos son susceptibles de paráfrasis con *deber, tener que* o *haber que.* Así, cabe narrar el diálogo trans-crito en el primer ejemplo de la serie anterior del modo que si-gue: «A le preguntó a B si se instalaría en Madrid, a lo que B contestó que no, porque para vivir en esa ciudad *hay que* tener mucho dinero». Esto es debido a que la proposición introduci-da por *para* tiene un carácter netamente impersonal o general. Si no se da esta circunstancia, el valor que se presente depende de que el sujeto sea personal o no. En el primer caso hay «ade-cuación»:

— Tu hijo se ha ido sin despedirse. — Es raro: mi chico no *es para* comportarse de ese modo.
— Siempre estás fuera cuando te llamo. — Es que no *soy para* que-darme en casa todo el día.

En el segundo se adquiere el valor definido en 1.b):

— Vas a estropear la lavadora con tanto lavar. — Este trasto *es para* que funcione, ¿no?

— ¿Y esta señal? — Esta señal *es para* que sepamos por dónde va el aceite.

Observación 3

El valor de «adecuación deóntica» permite la expresión impersonal. Así, puede decirse:

— *Es para* que tu novio tuviera más cuidado.
— Ya *es para* que te hubiera crecido la barba.
— *Es para* que hubiera más gente.
— No *es para* que armen ese escándalo.

Ejemplos que, en circunstancias apropiadas, admiten paráfrasis como «Tu novio *debería* tener más cuidado», «*Debería* haberte crecido ya la barba», «*Tendría que* haber más gente» y «No *deben* armar ese escándalo». Utiliza el hablante estas expresiones —y otras similares— cuando trata de resaltar, al tiempo que considera los hechos deónticamente, lo inadecuado de las situaciones previas a las que ésos responden. Por tanto, si, por ejemplo, alguien no tiene cuidado en determinado momento, cuando el hablante estima que debiera tenerlo, ello es suficiente para que éste emita un enunciado como el primer ejemplo de la serie dada.

El carácter impersonal parece mantenerse en otros casos:

— ¡Este chico *es para* que estudiara más!
— ¡Las bicicletas *es para* que ya estuvieran arregladas!

La colocación de *este chico* o *las bicicletas* al comienzo de la secuencia responde, probablemente, a razones de énfasis.

Observación 4

Conviene hacer algunas precisiones en cuanto a la libertad temporal que en la construcción con *para* posee *ser*. La «finalidad» puede ser proyectada en cualquier momento temporal:

— Este juguete *es para* los niños.
— El dinero que nos daban no *era para* gastarlo.

— La llamada *habría sido para* que viéramos que estaba en casa.
— La compra del coche *será para* contentar a mi suegra.

En cambio, la «adecuación» (deóntica o no) tiende a inmovilizar a *ser* en el presente, lo que en buena lógica responde a las exigencias de este valor: las entidades que se muestran «adecuadas» se ligan normalmente mediante el presente, el tiempo más general y neutro. Ello mismo también es exigencia en caso de que tales entidades muestren «adecuación deóntica», porque, al ser elementos constitutivos de la enunciación de una norma, han de recurrir al presente como tiempo que mejor se ajusta a este cometido:

— ¡Los hombres *son para* servir a la patria!
— Los vecinos *son para* ayudarse unos a otros.

4. Las expresiones con valor «deóntico» admiten, junto a *ser, estar,* sin que se aprecie distinción especial alguna:

— ¡Los hombres *están para* servir a la patria!
— Las mujeres no *están para* esas cosas.
— La comida *está para* comérsela.

Cuando el sujeto no denota una clase, sino una entidad individual, aparecen otros valores (para su explicación, *vid.* 2.ª parte, VI.2).

SEGUNDA PARTE:
USOS AUXILIARES

IV

«ESTAR» + GERUNDIO

1. Uno de los usos exclusivos del verbo *estar* lo constituye su combinación con el gerundio de otros verbos. Esta construcción es interpretada de dos modos en la gramática del español: bien como «perífrasis verbal», cuyo rasgo de contenido propio es poner de relieve —insistir en— la duración de lo expresado por el verbo que aparece en gerundio; bien como una posibilidad más de la flexión de los verbos españoles, como una forma más de la conjugación del verbo español (en esta segunda interpretación ha pasado lo que ocurre en otras lenguas, especialmente el inglés). Creemos que la primera interpretación es la más adecuada, y ello porque no todos los verbos admiten la combinación aludida; en efecto, frente a la aceptabilidad de casos como:

— Los niños *están viendo* la televisión.
— El caballo favorito *está corriendo* muy bien.
— El detective *estuvo indagando* infructuosamente.
— La situación *está evolucionando* según lo previsto.
— Los expedicionarios *estarán llegando* a su destino.
— El mes que viene todavía *estarán esperando* una respuesta.

tenemos la posibilidad de oraciones del tipo:

— *Los alumnos *están sabiendo* muchas cosas.
— *Tu amigo *está viendo* (en el sentido de 'tiene, ha recuperado el sentido de la vista').

45

— *Luis *está teniendo* tres pisos.
— *Está apreciando* mucho a sus hijos.

(vid., de todos modos, lo que se dice líneas más abajo). La razón estriba en que admiten la combinación con *estar* los verbos que significan un 'proceso' que se presenta como totalmente acabado, 'perfecto' en el momento al que se refiere el tiempo en que se emplee ('acabado' en el sentido de que lo significado no puede prolongarse hacia el 'futuro' sin solución de continuidad; así, si hablamos en presente, «lo que se sabe» es algo ya perfectamente delimitado, y «saber más» —lo cual es, evidentemente, posible— requiere lo que podemos llamar una nueva etapa de aprendizaje; a esto es a lo que nos referimos al hablar de «solución de continuidad»).

2. Pese a lo afirmado en las líneas anteriores, como siempre, es necesario tener muy en cuenta la situación, los factores pragmáticos, que pueden hacer que algunas de las oraciones dadas como inaceptables se conviertan en oraciones normales; por ejemplo:

— *Está apreciando* mucho a sus hijos en los últimos tiempos.

mediante la introducción de la indicación temporal apropiada nos hace ver que se trata de un proceso que desde un momento anterior llega hasta el presente en que se encuentra el verbo. Lo mismo, aunque por razones diferentes, podemos decir de

— Tu amigo *está viendo* la televisión.
— Los alumnos *están sabiendo* cosas a base de mucho esfuerzo.

V

ORACIONES PASIVAS CON «SER» Y «ESTAR»

1. En la gramática del español —gramática como disciplina, como 'estudio de X'— se discute hoy mucho sobre la existencia de la llamada «voz pasiva». No es éste el lugar para terciar teóricamente en la cuestión (1). Lo que nadie parece poner en duda es que el contenido 'pasividad' aparece en la combinación de *ser* y *estar* con participios de los verbos «transitivos»:

— *Es respetado* por sus compañeros.
— El camino *está bloqueado* por los manifestantes.

Para nuestro propósito, poco importa ahora que tal contenido se deba a la combinación de los verbos con el participio, al significado o al valor sintáctico del participio o a cualquier otro factor (2). Nos parece que el hecho de que aparezca con los

---

(1) La revisión más reciente que conocemos sobre este problema es la de S. Gutiérrez, «Sobre la construcción pasiva», en su libro *Variaciones sobre la atribución.* Universidad de León, León, 1986, págs. 85-111.

(2) No nos resistimos, sin embargo, a dejar constancia de nuestra opinión de que, cuando un hablante dice, por ejemplo, *La sesión fue aplazada por el presidente,* es consciente de alguna manera de que

verbos que tratamos es motivo suficiente para estudiar su expresión. Independientemente, pues, del nombre y del valor que asignemos a la construcción, es cierto que *ser* y *estar* se combinan con participios de verbos transitivos. En muchas ocasiones el participio está usado como un adjetivo más; en otras, sin embargo, el participio conserva claramente su valor verbal; éstas son las que nos interesan en este punto.

2. Es necesario tener en cuenta, en primer lugar, una restricción de carácter general: algunos verbos gramaticalmente transitivos sólo lo son en construcción activa, nunca pasiva; por ejemplo:

> — Tus hermanos *tienen* una gran fortuna. / *Una gran fortuna *es tenida* por tus hermanos.
> — *Hay* personas muy trabajadoras. / *Muchas personas trabajadoras *son habidas.*

En estos casos puede hablarse de restricciones sistemáticas (aunque, en sentido estricto, quizá sea más exacto decir que se trata de posibilidades sistemáticas [= autorizadas por el sistema] no actualizadas por la «norma»).

3. En segundo lugar, es necesario tener siempre presente la preferencia del español por la construcción activa (y la construcción pronominal o con *se*); ello se traduce en que muchas situaciones que podrían ser expresadas irreprochablemente —desde el punto de vista gramatical— por una oración pasiva, no lo sean casi nunca en la realidad; ejemplos de este tipo pueden ser:

> — El niño *supo* la lección. / La lección *fue sabida* por el niño.
> — Ayer *subí* tres veces la escalera. / La escalera *fue subida* ayer tres veces por mí.

---

está haciendo referencia a la acción de aplazar, es decir, de que está utilizando el verbo *aplazar,* mientras que cuando dice *La sesión fue breve* es consciente de que atribuye una propiedad al nombre-sujeto, es decir, de que está usando el adjetivo *breve.*

4. Es necesario observar que no siempre una oración con *ser* + participio tiene su equivalente con *estar;* compárense

— El fugitivo *ha sido visto* a tres kilómetros de aquí. / *El fugitivo *está (ha estado) visto* a tres kilómetros de aquí.
— La escena *fue contemplada* por tres mil personas. / *La escena *estuvo contemplada* por tres mil personas.
— El libro *será leído* en todas partes. / *El libro *estará leído* en todas partes.
— En algunos países el deporte *es practicado* por obligación. / *En algunos países el deporte *está practicado* por obligación.

En contraposición con los ejemplos anteriores, véanse estos otros en que las dos construcciones son posibles:

— El detenido *ha sido acusado* de asesinato. / El detenido *está acusado* de asesinato.
— La carretera *fue bloqueada* por la nieve. / La carretera *estuvo bloqueada* por la nieve.
— El gobierno *ha sido desbordado* por los acontecimientos. / El gobierno *está desbordado* por los acontecimientos.
— Juan *es considerado* como un sabio. / Juan *está considerado* como un sabio.

5. Por otra parte, hay casos en que la equivalencia es sólo aparente; así:

— El coche *es destrozado*. / El coche *está destrozado*.

podrían, en principio, considerarse dos oraciones en las que aparece el verbo *destrozar;* pero basta aumentar la información para ver que la equivalencia no es tal; por ejemplo:

— El coche *es destrozado* por la multitud. / *El coche *está destrozado* por la multitud.

o bien cambiar el tiempo del verbo:

— El coche *era destrozado*.

(seguimos teniendo una oración cuyo núcleo es el verbo *destrozar* en forma pasiva):

— El coche *estaba destrozado*.

(la interpretamos ya como una oración cuyo núcleo es el verbo *estar,* que va seguido de un «adjetivo» que funciona como atributo).

6. En la posibilidad de las construcciones de *estar* con participio que conserva su valor verbal intervienen dos factores. El primero de ellos es el siguiente. Según la descripción más corriente, que aceptamos como adecuada, la combinación de *ser* con participio da lugar a una construcción pasiva con el valor general de 'acción', mientras que con *estar* tenemos la llamada 'pasiva de estado' (o 'de resultado'). Esto tiene como consecuencia lógica que sólo aquellos verbos que significan un proceso que produce un estado o resultado puedan aparecer en oraciones pasivas con *estar;* así, no parecen aceptables los siguientes ejemplos con *estar,* frente a lo que ocurre con los que llevan *ser:*

— La obra *ha sido aplaudida* en centenares de ciudades. / *La obra *ha estado aplaudida* en centenares de ciudades.
— Tus palabras *han sido seguidas* con mucha atención. / *Tus palabras *han estado seguidas* con mucha atención.

7. El segundo consiste en que, además de que el verbo exprese un proceso que produce un estado o resultado, es necesario que el objeto en la construcción activa (sujeto, por tanto, en la pasiva) se vea «afectado» en sus características, en forma de «estado resultante», por el proceso correspondiente; así, mientras no es aceptable

— *El fugitivo *ha estado visto* en los alrededores.

porque el proceso de 'ver' no afecta al fugitivo, sí lo resulta

— El asunto *está visto* para su solución.

ya que las características del asunto son distintas después de que haya sido visto. Lo mismo podemos decir de

— Juan *ha sido preparado* para la operación. / Juan *está preparado* para la operación.

Observación

Hay otra diferencia entre la pasiva con *ser* y la pasiva con *estar:* mientras la construida con *ser* puede, en general, llevar explícito o no el llamado «complemento agente» (dando lugar a las «primeras de pasiva» o «segundas de pasiva» en términos tradicionales), la que presenta *estar* sólo permite la presencia del complemento agente en una circunstancia muy determinada: cuando la «actuación» del agente correspondiente tiene que continuar para que persista el «estado» a que se refiere la oración; es el caso de, por ejemplo:

> — El camino *está cortado* por los manifestantes.

donde si cesa la intervención de los manifestantes, el camino deja de estar cortado; o de

> — La reunión *fue interrumpida* por los miembros de la oposición. /
> La reunión *estuvo interrumpida* por los miembros de la oposición.

en la que, igualmente, si cesa la actuación de los mencionados miembros, la sesión vuelve a sus cauces normales.

VI

OTROS USOS AUXILIARES DE «ESTAR»

1. ESTAR + POR + infinitivo.—Esta combinación adquiere dos valores distintos:

1) El deseo o la intención de llevar a cabo lo indicado por la proposición de infinitivo, aunque de momento no se lleve a cabo (si posteriormente se realiza o no es algo que o bien no se deduce o bien el contexto se encarga de aclarar):

— *Estuve por* irme de vacaciones, pero me faltó decisión.
— Me aburre tanto la película que *estoy por* marcharme.
— Me encuentro tan cansado que *estoy por* dejar el trabajo una temporada.
— Se molestó tanto que *estuvo por* abandonar el cargo.

Observación

En tres de los ejemplos anteriores (todos, menos el primero) vemos cómo esta construcción aparece muy frecuentemente como segundo miembro de las llamadas «oraciones consecutivas».

2) Significa igualmente una acción no realizada, con el matiz añadido de que el hablante, por algún motivo, piensa que debería haberse realizado ya o que se va a

realizar en algún momento posterior; ése es el valor que encontramos en casos como

— Los zapatos *están* todavía *por* limpiar.
— El libro sobre la España contemporánea *está por* escribir.
— La decisión sobre ese asunto *está por* tomar.

Observación 1

En cualquiera de los casos anteriores, y en todos los del mismo tipo, en lugar de *por* puede aparecer la preposición *sin:*

— Los zapatos *están* todavía *sin* limpiar.
— El libro sobre la España contemporánea *está sin* escribir.

pero con una clara diferencia que recogemos en la **Observación** siguiente.

Observación 2

En todos los casos, como ya hemos insinuado más arriba, está implícita la existencia de una especie de obligación de llevar a cabo lo expresado por la proposición de infinitivo; es precisamente este matiz el que no es recogido por el uso de la preposición *sin;* con ésta, simplemente se dice que algo no se ha realizado, sin añadirle ningún matiz especial.

Observación 3

Como caso especial es posible citar el de *estar por ver (o saberse),* con el cual se expresa incertidumbre ante lo que sigue a *ver* (o *saberse*); así

— *Está por vez* cuál será la reacción del gobierno.
— Qué hará Juan *está* todavía *por ver.*
— *Está por ver* lo que conseguiremos con esta actitud.
— Aún *está por saberse* lo que ha pasado.

La incertidumbre a que nos hemos referido se refleja en la presencia de elementos interrogativos en estos casos *(cuál, qué, lo que)*. Repárase, además, en que el verbo *estar* se usa siempre en tercera persona.

2. ESTAR + PARA +...—En combinación con la preposición *para,* que introduce otros elementos, el verbo *estar* da lugar a una serie de construcciones de diferente valor. Entre ellas se observan las siguientes:

1) Seguida de infinitivo significa la inminente finalización de lo indicado por el infinitivo: normalmente, esa finalización inminente se pone en relación con otra acción expresada por una oración diferente, y entre las dos acciones se da algún tipo de contraposición, cuyo valor exacto depende del contexto y de lo significado por ambas oraciones; por ejemplo:

— Cuando *estaba para acabar* me interrumpió el teléfono.
— Los niños *están para llegar* y no les he preparado la comida.
— *Estaba para acostarme,* pero vuestra llegada me lo impidió.
— Aunque el verano astronómico *está para acabar,* el calor sigue siendo muy intenso.

Observación

Conviene advertir que en estos casos la preposición *para* puede alternar con el grupo, más transparente desde el punto de vista semántico, *a punto de:*

— Cuando *estaba a punto de acabar* me interrumpió el teléfono.
— *Estaba a punto de acostarme,* pero vuestra llegada me lo impidió.

2) También seguido de infinito, con la posible intercalación de *como* entre *estar* y *para,* da lugar a una construcción de valor consecutivo, de carácter ponderativo, enfático, muy expresivo; por ello es frecuente en el registro coloquial:

— La comida *está (como) para chuparse* los dedos.
— La situación *está (como) para no mezclarse* en ella.
— El actor *estuvo (como) para tirarle* tomates.
— La conferencia *está (como) para salirse* de ella.

Observación

La equivalencia con construcciones típicamente consecutivas parece fácil de establecer en todos los casos, con la introducción y cambio de los elementos correspondientes:

— La comida está tan rica que dan ganas de chuparse los dedos.
— La situación está tan mal que lo mejor es no mezclarse en ella.
— El actor estuvo tan mal que mereció que le tiraran tomates.
— La conferencia está tan aburrida que es preferible salirse.

3) En forma negativa, y seguida de un grupo nominal o de una proposición (con infinitivo o con *que* y verbo en forma personal), expresa que el sujeto de *estar* no se halla en disposición de aceptar, de que se lleve a cabo lo indicado por el grupo nominal o por la proposición; véanse algunos ejemplos:

— Pedro *no está* hoy *para bromas* ('no se encuentra en disposición de aceptar bromas', 'no es conveniente gastarle bromas', etc.).
— Me di cuenta de que *no estaba para contarle problemas.*
— Ahora *no estoy para que me planteéis nuevos asuntos.*

Observación 1

También en estos casos, como en los de 2), puede aparecer *como* entre *estar* y *para,* aunque su uso es más frecuente cuando sigue una proposición que cuando se trata de un nombre o grupo nominal.

Observación 2

Hay que tener en cuenta que en las oraciones anteriores siempre es posible, a veces con cambios concomitantes, emplear una expresión más analítica, más completa —e igualmente menos expresiva—, del tipo *estar dispuesto, estar preparado, estar en disposición de,* etc.

4) Aunque más cercana ya al valor de finalidad propio de la preposición *para,* podemos mencionar también aquí la combinación con grupos nominales o con proposiciones que adquiere aproximadamente el valor de «es-

tar a disposición de alguien» (directamente, o a través de determinada actuación o comportamiento); así:

— Estoy para todos vosotros.
— No está para nadie.
— Están para lo que haga falta.
— Estáis para ser mandados.

3. Recogemos ahora otros usos del verbo *estar,* en algunos de los cuales, como se comentará oportunamente, puede pensarse en la «falta» o «elipsis» de algunos elementos. Entre esos usos se encuentran:

1) *Estar,* referido tanto a personas como cosas, con el valor de 'estar preparado, listo':

— ¿Está la comida? — Sí, ya *está.*
— ¿Estás ya? — No, no *estoy* todavía.

En todos los casos puede alternar la expresión abreviada con la completa *estar preparado, dispuesto, listo,* etc.

2) Con valor de localización espacial cuando el lugar se sobreentiende o es conocido:

— ¿Está tu padre? (en casa, aquí, etc.).
— Mi hermano no *está* ahora.

3) La fórmula *estamos,* con entonación interrogativa, se emplea como apéndice de conformidad con lo dicho antes, que normalmente tiene carácter exhortativo o imperativo:

— Hay que hacer algo y pronto, *¿estamos?*
— No te olvides de cerrar la puerta, *¿estamos?*

Además de la forma mencionada, en los mismos enunciados es posible el empleo de *¿estamos de acuerdo?, ¿estamos o no estamos?, ¿estamos o no estamos de acuerdo?*

4) Con determinados verbos, *estar en,* usado casi siempre en oraciones negativas o interrogativas, significa 'prestar atención a lo significado por el verbo siguiente'; así:

— ¿Estás en lo que te digo?

quiere decir algo así como '¿estás prestando atención a lo que te digo?', 'estás siguiendo y comprendiendo mis palabras?'; del mismo modo

> — *No están en* lo que hacen.
> — *No estáis en* lo que tenéis que estar.

5) *Ya está,* con entonación exclamativa, se emplea como fórmula introductoria mediante la cual el hablante expresa su actitud, en general negativa, ante la reiteración de un terminado hecho, expresado por lo que viene a continuación; véase

> — *¡Ya está* otra vez el vecino tocando el piano!

enunciado con el que manifestamos la molestia, el enfado, etc., que nos provoca tal acción. Téngase en cuenta, sin embargo, que, aunque con menos frecuencia, puede ser también una expresión de carácter positivo y ponderativo ('vuelve a tocar el piano y eso me agrada', etc.). Otros ejemplos:

> — *¡Ya está* aquí el pesado de tu amigo!
> — *¡Ya está* repitiendo lo mismo de nuevo!
> — *¡Ya está* con las obsesiones de siempre!

Observación 1

Construcción propia del registro coloquial, es frecuente que, dadas las circunstancias adecuadas, se prescinda de alguno de los elementos que intervienen en la acción:

> — *¡Ya está* otra vez el vecino! (y se sobreentiende «tocando el piano»).
> — *¡Ya está* otra vez el piano! (y se sobreentiende «el vecino tocando»).

Observación 2

Además de lo mencionado, obsérvese que lo que sigue a la fórmula y provoca el sentimiento aludido puede ser un grupo nominal, con o sin preposición, o un gerundio acompañado de los elementos pertinentes. Por otro lado, la persona en que se usa *estar* no es siempre la tercera; así, tenemos casos como

> — *¡Ya están* aquí los pesados de tus amigos!
> — *¡Ya estás* con tus obsesiones de siempre!; etc.

6) La expresión *y ya está,* igualmente con entonación exclamativa, se emplea como apéndice conclusivo, de carácter enfático, con la intención de dar por terminadas las intervenciones en torno a lo que se está diciendo. Veamos algunos ejemplos:

— ¡Haz lo que te he dicho *y ya está!*
— Cuando lo veas se lo cuentas todo *y ya está.*
— Ha hecho siempre lo que ha querido *y ya está.*

Es muy frecuente (véase el primer ejemplo) que se emplee después de oraciones exhortativas o imperativas. Igualmente, es propia del que venimos llamando registro coloquial.

VII
EXPRESIONES ENFÁTICAS CON «SER»

1.1. Uno de los procedimientos de énfasis a que mejor se aviene *ser* lo configuran aquellas estructuras que, consideradas por su lado más externo, muestran los tres elementos constitutivos siguientes:

- a) cópula (siempre *ser*);
- b) proposición de relativo, y
- c) término destacado.

Consideremos algunos ejemplos:

1. Fue Juan el que me lo dijo.
2. El que quiere es el rojo.
3. Donde lo encontraron fue bajo el puente.

Todos ellos presentan el elemento unitivo *ser (fue* en 1 y 3, *es* en 2), una proposición de relativo *(el que me lo dijo* en 1, *el que quiere* en 2 y *donde lo encontraron* en 3) y un término destacado enfáticamente *(Juan* en 1, *el rojo* en 2 y *bajo el puente* en 3).

Aunque en absoluto son idénticos *(vid.* lo que se dice más adelante), se asocian habitualmente estas expresiones a otras, más simples, de las que parecen proceder. De este modo, los ejemplos de arriba admiten ser puestos en relación, respectivamente, con

1a. Juan lo dijo.
2a. Quiere el rojo.
3a. Lo encontraron bajo el puente.

habiendo sido objeto de énfasis *Juan* de 1a, *el rojo* de 2a y *bajo el puente* de 3a. Los elementos pronominales relativos utilizados en esta operación son siempre y según los casos: para la referencia a personas, *quien/quienes;* a personas y entidades, *el que/la que/los que/las que;* a entidades, cualidades y procesos, *lo que;* a la circunstancia de tiempo, *cuando;* a la de lugar, *donde,* y a la de modo, *como.*

Observación 1

Estos elementos pronominales han de reproducir la función sintáctica que posea en la expresión simple el término sometido a énfasis, por lo que se hace necesario anteponer a todos ellos la preposición con que ese término pueda marcar su función (de esto último se eximen *como,* que no admite preposición alguna ante sí, y *donde,* que permite tanto la aparición de *a* y *en* como su omisión en no pocos casos):

— Quería *a su padre* → Al que/a quien quería era a su padre.
— Traigo los cigarrillos *para ti* → Es para ti para quien/para el que/para la que traigo los cigarrillos.
— Pintaron las ventanas con *esa pintura horrible* → Fue con esa pintura horrible con la que/con lo que pintaron las ventanas.
— Lo compré *en París* → Fue en París (en) donde lo compré.
— Tienes que cortar el papel *hasta el final* → Hasta donde tienes que cortar el papel es hasta el final.
— Nacerá el niño *para mayo* → Será para mayo cuando nacerá el niño.
— Tienes que hacerlo *así* → Es así como tienes que hacerlo.
— Se vuelven *porque han perdido el tren* → Es porque han perdido el tren por lo que se vuelven.
— Trabaja mucho *para poder comprarse ese coche* → Para lo que trabaja mucho es para poder comprarse ese coche.

Observación 2

El tiempo en que aparece *ser* coincide normalmente con el presentado por el verbo de la expresión simple, aunque el presente es posible en cualquier caso:

— Lo *llevaron* a casa → *Fue/es* a casa (a) donde lo llevaron.
— Lo *traerán* mañana → *Será/es* mañana cuando lo traerán.

Observación 3

Cuando es la expresión sujeto la que recibe el énfasis, *ser* concuerda en número y persona con el elemento nuclear de la misma, que, a su vez, domina la concordancia del verbo de la proposición de relativo;

— Nunca como *yo* en este restaurante → *Soy yo* quien no *como* en este restaurante.
— Llegas *tú* muy pronto → *Eres tú* el que *llegas* muy pronto.
— *Los chicos* vinieron tarde → *Fueron los chicos* los que *vinieron* tarde.

La tendencia, sin embargo, apunta a hacer concordar *ser* en número y persona con términos destacados desprovistos de preposición:

— Compraron unas camisas en la tienda de al lado → *Fueron unas camisas* las que compraron en la tienda de al lado.

1.2. Los elementos de la expresión simple que pueden verse sometidos a énfasis son los portadores de alguna función primaria:

— *Antonio* ha venido → El que ha venido es Antonio (sujeto).
— No me gusta *que llegues tan tarde* → Que llegues tan tarde es lo que no me gusta (sujeto).
— Odiaba *a su tío* → Era a su tío al que/a quien odiaba (complemento directo).
— Le ordenaron *que entregara la carta* → Lo que le ordenaron fue que entregara la carta (complemento directo).
— Se *le* cayeron las llaves → Fue a él/ella/usted al que/a la que/a quien se le cayeron las llaves (complemento indirecto).
— Siempre hablaban *del paro* → De lo que siempre hablaban era del paro (suplemento).

— Lo haré *cuando tenga tiempo* → Cuando tenga tiempo será cuando lo haré (complemento circunstancial).

— Lo dijo *porque necesitaba desahogarse* → Por lo que lo dijo fue porque necesitaba desahogarse (complemento circunstancial).

— Contestó *muy nervioso* → Como contestó fue muy nervioso (predicativo).

— Tiene los ojos *negros* → Es negros como tiene los ojos (predicativo).

— Pepe está *cansado* → Lo que está Pepe es cansado (atributo).

— Ella es *así* → Es así como es ella (atributo).

Observación

Si el atributo y el sujeto son expresiones referenciales, la estructura resultante es de naturaleza ecuativa *(vid.* IX, 2. *Observación 1);* así,

— Mi hijo es *el médico del pueblo.*

nos conduce a

— Es el medico del pueblo *el que* es mi hijo.

Si el *médico del pueblo* no se entiende como expresión referencial llegamos a

— *Lo que* es mi hijo es el médico del pueblo.

1.3. También pueden ser objeto de énfasis el predicado o la totalidad de la expresión:

— Me echó a la calle → Lo que hizo fue echarme a la calle.

— Me quedaré sentado aquí → Lo que haré será quedarme sentado aquí.

— Está durmiendo → Lo que está haciendo c dormir.

— Suele venir por las tardes → Lo que suele hacer es venir por las tardes.

Se comprueba sin esfuerzo que la referencia al proceso descrito en el predicado se realiza por medio del verbo *hacer.*

Hacer es adecuado para la reproducción de verbos factitivos transitivos e intransitivos. Si el verbo del predicado no corresponde a cualquiera de los tipos reseñados, las proformas verbales empleadas son *pasar, ocurrir* o *suceder:*

— Parecéis tontos → Lo que pasa es que parecéis tontos.
— No hay luz → Lo que sucede es que no hay luz.
— Necesito hablarte con urgencia → Lo que ocurre es que necesito hablarte con urgencia.

Observación

Si hay una referencia personal (sobre todo en el complemento directo o en el sujeto), puede emplearse *hacer con, pasar con, ocurrir con* o *suceder con* ('alguien'/'algo'):

— Me echó a la calle → Lo que hizo conmingo fue echarme a la calle.
— Luis no es muy inteligente → Lo que pasa con Luis es que no es muy inteligente.
— Siento frío → Lo que ocurre conmigo es que siento frío.

1.4. Con ser amplio el espectro de posibilidades del énfasis existen, no obstante, restricciones. Así, no lo admiten, entre otros, los siguientes elementos:

a) los que carecen de función oracional primaria:

— La bicicleta *de Pepe* no está arriba → *Es de Pepe del que la bicicleta no está arriba

Hay que hacer notar, sin embargo, que los elementos primarios de oraciones subordinadas sustantivas de sujeto y complemento directo son susceptibles de recibir el énfasis:

— El gobierno pensó que *la inflación* descendería → Fue la inflación lo que el gobierno pensó que descendería.

b) Elementos negativos del tipo *nadie, nada, ninguno, nunca, tampoco,* etc.:

— *Nadie* dijo la verdad → *Fue nadie quien dijo la verdad.

c) Adverbios como los siguientes: *ya, todavía, sólo, solamente, incluso, también, sí, siempre, casi, quizá(s), acaso, a lo mejor, tal vez, posiblemente, probable-*

mente, etc. En ningún caso pueden por sí mismos constituirse en objeto del énfasis:

> — *Ya* ha venido → *Es ya cuando ha venido.

De aplicarse los adverbios a algunos de los elementos de la expresión simple y ser éste sobre el que deba recaer el énfasis, se
hace necesaria su presencia en el término destacado:

> — La huelga duró *solamente dos días* (= 'La huelga duró dos días,
> y no más') → Fue dos días solamente lo que duró la huelga.

d) Los adverbios en -*mente* que complementan a toda una
expresión:

> — *Afortunadamente,* se fue → *Fue afortunadamente como se fue.

Sí lo aceptan cuando no afectan a toda la expresión:

> — 'Los chicos han puesto ya *seguramente la tele* (= 'Los chicos han
> puesto ya algo y es bastante probablemente que sea la tele y no la
> radio') → Seguramente es la tele lo que los chicos han puesto ya.
> — Trabajo por las mañanas *normalmente* ('con normalidad')
> → Es normalmente como trabajo por las mañanas.

1.5. Las expresiones que estamos estudiando encierran
siempre determinadas presuposiciones. Retomando los ejemplos aducidos al comienzo de este capítulo:

> 1. Fue Juan el que lo dijo.
> 2. Como lo quiere es rojo.
> 3. Donde lo encontraron fue bajo el puente.

las presuposiciones que corresponden a cada uno de ellos admiten ser parafraseadas, respectivamente, en los términos que
siguen:

> 1a. 'Alguien lo dijo'.
> 2a. 'Lo quiere de algún color'.
> 3a. 'Lo encontraron en algún lugar'.

Presuposiciones que, por otro lado, coinciden con las de estas
otras expresiones (simbolizamos 'presupone' mediante el sig-
no >>):

4. Juan lo dijo (>> 'Alguien lo dijo').
5. Lo quiere rojo (>> 'Lo quiere de algún color').
6. Lo encontraron bajo el puente (>> 'Lo encontraron en algún lugar').

Esta circunstancia pone en evidencia algunos hechos merecedores de atención. Por un lado, en la perspectiva de lo representado, las expresiones 1, 2 y 3 poseen, respectivamente, la misma presuposición que 4, 5 y 6, esto es, 1a, 2a y 3a. Esto significa que hacen referencia («describen») el mismo estado de cosas. Por otro, es indudable que, a pesar de esta equivalencia, las expresiones sintácticamente más complejas —las que nos ocupan aquí— conllevan, además de la información común señalada, algo distinto a lo aportado por sus correlativas más simples. Cuando se emplea *Fue Juan el que lo dijo* o *Juan lo dijo,* presuponemos en ambos casos 'Alguien lo dijo', pero la primera de estas expresiones implica una situación comunicativa (esto es, determinado momento de interacción lingüística en el hilo del discurso) diferente de aquélla en que sería apropiado emitir la segunda.

El aspecto que determina la situación comunicativa aludida, haciendo que las expresiones enfáticas se den eficazmente, es esencialmente la existencia de ciertos elementos de información que, actuando a modo de «antecedente», propician en algún momento discursivo la utilización de las mencionadas expresiones; un ejemplo:

— *Ellos no quieren eso.* Lo que quieren es llamar la atención.

en el que 'ellos no quieren eso' constituye la información a que acabamos de aludir. Por otra parte, esta información no tiene necesidad de verse verbalizada; es más, lo normal es que pueda ser fácilmente reconstruida en cada ocasión, gracias a los consabido por los copartícipes en el coloquio:

A. Están desesperados.
B. Lo que quieren es llamar la atención.

La expresión de naturaleza enfática proferida por B se justifica por el hecho de que en el presente caso se hace posible implicar 'No están desesperados, porque pretenden otra cosa' o 'No quieren eso', por ejemplo. No debe deducirse de esto que las expresiones que comentamos no puedan mostrarse al comienzo del coloquio. Considérese —y se observará lo contrario— el siguiente caso, posible, por ejemplo, al inicio de una clase:

— Lo que hoy vamos a tratar es la división celular.

El que este enunciado sea aceptable en la situación aludida halla explicación en la circunstancia de que implica una base informativa previa, cuya paráfrasis aproximada podría ser: 'En clase vamos a tratar algo relacionado con la célula'. Como fácilmente se aprecia, lo que determina el empleo de la expresión enfática no es, en principio, el lugar que pueda ocupar en la cadena discursiva, sino la facilidad con que en tal lugar pueda existir o reconstruirse el «antecedente» apropiado.

1.6. Lo anteriormente expuesto configura las pautas generales con que se utilizan apropiadamente las expresiones enfáticas que estudiamos. Conviene ahora hacer referencia a las variedades funcionales que tales pautas permiten.

A) PROPOSICIÓN DE RELATIVO + *SER* + TÉRMINO DESTACADO

1) *Contrastiva*

El hablante recurre a la expresión enfática con la intención de corregir la información que actúa de «antecedente» y refutarla, o llamar la atención sobre alguno de sus aspectos. Es frecuente que en tales casos aparezcan oposiciones entre términos afirmativos/negativos, positivos/comparativos/superlativos, temporales, antonímicos, etc.:

— En este libro el autor teoriza sobre el problema de la vejez. En realidad sobre lo que teoriza es sobre los problemas de su propia vejez.
— Mira: lo que estoy haciendo con él es lo mismo que él hizo conmigo antes.

— Cuando hablan de que hay que hacer esto y lo otro, de lo que hablan es de que trabajen unos y se aprovechen los demás.

2) *Metalingüística*

El carácter contrastivo de la variedad arriba explicada se orienta a realidades primarias, extralingüísticas. En los ejemplos de más abajo la referencia se establece respecto de aspectos propios de la actividad lingüística. En efecto, dado el hecho de que los participantes en el coloquio asumen cooperativamente el tener —o el haber tenido— la intención de *querer decir* algo, cualquiera de ellos puede aludir a este hecho. Lo que resulta de ello es, obviamente, un contraste metalingüístico:

> — Lo que quería decir es que el chico no estudia lo que debiera.
>
> — A. No entiendo.
>   B. Lo que estoy intentando decirte es que no seas tan pusilánime.
>
> — A. ¿Es que no llevo razón?
>   B. Perdona, no quería decir eso; lo que quería decir es que las cosas no son tan radicales como tú las ves.
>
> — A. Entonces, ¿lo que acabas de decir significa que la base del proyecto es errónea?
>   B. No. Lo que significa lo que he dicho es que el proyecto necesita más dinero.

Es típica, como puede observarse, la aparición en estos casos de formas verbales de carácter plenamente metalingüístico: *querer decir, significar,* etc.

3) *Personal*

A causa, quizá, de la inmediatez con que los hablantes sienten los propios pensamientos, observaciones, opiniones, reacciones, etc., estiman que todas estas realidades psíquicas se hallan asumidas —o pueden serlo sin dificultad— por el oyente, y que sea por ello plausible en cualquier momento la mención de algunas de las mismas por medio de la estructura enfática:

> — Generalmente paso de todo, pero lo que realmente me molesta es que vayan diciendo por ahí esas tonterías.

— Dicen que no pueden venir porque tienen mucho trabajo; lo que yo creo es que no quieren trato con nosotros.

4) *Factual*

Como en la personal, la variedad factual se justifica por la existencia de un principio pragmático que propicia la asunción como suceso, por parte del hablante y el oyente en no importa qué momento de la cadena discursiva, de cualquier aspecto del mundo real, con lo que se hace posible la referencia al mismo en términos enfáticos. Los verbos utilizados en esta ocasión suelen ser *pasar, ocurrir, suceder,* etc.:

— Lo que pasa es que no quiere venir.
— Sí, hay muchos tipos como ése; lo que ocurre es que no es fácil reconocerlos.
— Lo que sucede es eso mismo que dijiste.

La amplitud de los contextos en que aparece esta variedad funcional es mayor que la propia de la personal. Esto no es sorprendente: es más lógico prever mayor cooperación de parte del oyente en lo tocante a sucesos que en lo referido a pensamientos, experiencias, etc., propios sólo del hablante. El ejemplo siguiente muestra un contexto en que es posible la variedad factual e imposible la personal:

— A. Oye, ¿no es extraño que venga tan pronto?
  B. a) No, lo que pasa es que hoy sale antes del trabajo.
     b) *Sí, lo que me extraña es que venga tan temprano.

B) *SER* + TÉRMINO DESTACADO + PROPOSICIÓN DE RELATIVO O TÉRMINO DESTACADO + *SER* + PROPOSICION DE RELATIVO

1) *Informativa focal*

El elemento destacado (el foco) conlleva la información nueva, muy a menudo contrastiva (al igual que en algunas variedades de la estructura anteriormente estudiada); la proposición de relativo aporta la información conocida por el hablante, de quien depende, en última instancia, que aparezca o no verbalizada, siendo en ello irrelevante que el oyente comparta o no esa información (téngase en cuenta que no coincide con el tema del momento discursivo). Por tal razón, en el caso siguiente:

— A. ¿Quién es Luisa?
   B. Deja que te explique. Recordarás que me pasé casi toda la fiesta hablando con una chica, ¿no?
   A. Sí.
   B. a) Era Luisa la que me hablaba.
      b) Era Luisa.

Obsérvese que vale tanto decir B.a como B.b. Y es que en el intercambio lingüístico ejemplificado adquiere escasa importancia la información (conocida, ciertamente, por el hablante, pero no necesariamente por el oyente) transmitida en la proposición de relativo, lo cual viene apoyado por la circunstancia de que el tema es sólo la 'identidad de Luisa'. Así los hechos, se puede prescindir del elemento último de la estructura (la proposición de relativo), pero ello es impensable en el caso de los otros dos elementos de la misma *(ser* y el término destacado), pues son los portadores de la información nueva. La aceptación de la explicación anterior permite describir coherentemente expresiones como éstas:

— Es a mí y no a ese chico.
— Fue a él.
— ¿Quiénes lo propusieron? / ¿Fueron los profesores o los alumnos?
— La paella es con arroz de buena calidad.
— Es aquí/ahí/allí/a la izquierda/arriba...
— Es mañana/hoy/dentro de mes...
— Soy yo.
— No eres tú.

pues admiten que se los consideren realizaciones fragmentadas de la estructura *ser* + término destacado (+ proposición de relativo) o término enfático + *ser* (+ proposición de relativo). De este modo, en la situación comunicativa apropiada, las expresiones de arriba se reconstruyen, por ejemplo, así:

— Es a mí y no a ese chico (al que llaman/al que solicitan/al que quieren enviar fuera...).

— Fue con él (con quien se enfadó/con quien mantuvo relaciones/con quien fue al cine...).
— ¿Quiénes lo propusieron? ¿Fueron los profesores o los alumnos (quienes lo hicieron)?
— La paella es con arroz de calidad (como hay que prepararla/con lo que se hace bien...).
— Es aquí/ahí/allí/a la izquierda/arriba... (donde trabajo/vive Pedro/...).
— Es mañana/hoy/dentro de un mes... (cuando vuelve Luisa/ponen esa película...).
— Soy yo (el que lo dijo/el que tengo que hacerlo/la que me callo siempre...).
— No eres tú (el que tienes que decirlo/te vas mañana/la que trabajará en esa oficina...), etc.

2) *Informativa total*

En este caso el hablante no sólo considera que el oyente no está pensando, al proferirse una expresión de este tipo, en la información de la proposición de relativo (la falta de coincidencia entre tema y proposición de relativo), sino que *incluso* éste la desconoce. Lo que ahora se persigue, pues, no es otra cosa que hacer ver al oyente esta circunstancia. De ahí que sea imposible la elisión de la proposición de relativo, ya que el conjunto de la expresión transmite información nueva:

— [Comienzo de elocución]. Es siguiendo una dieta adecuada como se corre menos peligro de engordar. En efecto, si usted elige sus alimentos cuidadosamente y (...).
— La habitación está muy bien, es verdad; es el color de la puerta lo que no me acaba de convencer.
— Yo era muy joven; fue por mi inexperiencia por lo que ocurrió aquello.

Los enunciados informativos totales llevan a menudo en el segmento focal (el término destacado) un elemento anafórico: *él/ella/aquí/ahí/allí, entonces, en aquel momento, por ello, por esto, a causa de ello, a causa de esto,* etc.:

— Mira esta foto; es aquí donde me parezco más a mi padre.
— Tenía 18 años; fue entonces cuando me enamoré de tu padre.
— Compraron esa casa después de casarse; fue allí en donde nací yo.
— Se encontraba muy solo; es por esto por lo que se deprimía tanto.

Observación

Parece, de acuerdo con lo expuesto arriba, que la función más significativa de las informativas totales consiste en marcar como *factual* determinado fragmento de información. Esta factualidad es conocida por algunos, pero no por el oyente, y de ello se sirve el hablante para eximirse de cualquier responsabilidad respecto de la verdad o falsedad del aserto ofrecido. Como es indudable el marcado carácter retórico del procedimiento, la estructura puede adquirir —siempre en el marco de la función general— valores como los siguientes:

1) Dotar al lector de antecedentes sobre algo, para presentarle con más facilidad información posterior; los antecedentes se asignan al término destacado y la información restante a la proposición de relativo:

   — Es con el cromatismo de *Tristan und Isolde* como hay que entender no pocos aspectos importantes en el desarrollo de la música de la primera mitad del siglo XX.
   — Fue hace unos diez años cuando el movimiento juvenil a que nos referimos comenzó a tomar fuerza y extenderse por capas cada vez amplias de jóvenes (...).

2) Expresar la estrecha relación existente entre determinado estado de cosas y otro, de modo que a menudo puedan ser considerados causa y efecto respectivamente:

   — Les tocó la lotería. Fue entonces cuando decidieron hacer el crucero.
   — Fumaba tres paquetes diarios; yo creo que fue por eso por lo que le dio el infarto.
   — Fue porque los dos partidos luchaban denonadamente entre sí por lo que los grupos más pequeños que antes carecían de fuerza comenzaron a fortalecerse y a dominar poco a poco la escena política del momento.

3) Indicación de deferencia o cortesía:

   — Todo lo que se ha dicho es incontestablemente evidente y no es esta evidencia la que voy a discutir.
   — Con el mayor respeto es como he de dirigirme a ustedes.

2.1. Existe otra estructura, muy ligada a la que se acaba de examinar e igualmente configurada para la expresión de cierto énfasis, cuya disposición es *SI* A + *SER* B. Veamos algunos ejemplos:

> — Si alguien hizo el problema fue Juan.
> — Si a alguien maltrataron allí fue a Nicolás.
> — Si se fue a algún sitio fue a París.
> — Si estudiaba latín era porque esta lengua estaba en el plan de estudios.

La relación que todos estos enunciados muestran con *Fue Juan el que lo hizo, Fue a Nicolás a quien maltrataron allí,* etcétera, respectivamente, está fuera de toda duda: el par integrado por una expresión que responda a la estructura *SI* A + *SER* B y por otra que lo haga con *SER* + TÉRMINO DESTACADO + PROPOSICIÓN DE RELATIVO se origina en la decisión de resaltar enfáticamente algún elemento primario (esto es, con función primaria) de una expresión simple del tipo *Juan hizo el problema* o *Maltrataron allí a Nicolás.* Es más: el segmento # *SER* B # de la expresión que estudiamos reproduce elípticamente la estructura ya vista:

> — Si alguien hizo el problema fue Juan (el que/quien lo hizo).
> — Si a alguien maltrataron allí fue a Nicolás (al que/a quien maltrataron allí).
> — Si se fue a algún sitio fue a París (a donde se fue).
> — Si estudiaba latín era porque esta lengua estaba en el plan de estudios (por lo que lo estudiaba).

El segundo miembro de la expresión *SER* B es, consecuentemente, una estructura del tipo *SER* + TÉRMINO DESTACADO + PROPOSICIÓN DE RELATIVO en la que la proposición de relativo se elide la mayor parte de las veces (es información muy conocida y se prescinde de ella con facilidad). En cambio, en el primer miembro, tras la inserción de la conjunción *si,* A copia la configuración sintáctico-léxica de la expresión simple, excepción hecha del elemento sobre el que se decida hacer recaer el énfasis, así como de ciertos aspectos en el tiempo del verbo y la modalidad (que serán examinados en su momento). Consideremos, para lo primero, algunos de los ejemplos ya aducidos:

— *JUAN hizo el problema* → Si alguien *hizo el problema* fue JUAN.

— *Maltrataron allí A NICOLÁS* → Si a alguien *maltrataron allí* fue A NICOLÁS.

El término destacado de B aparece reproducido en A mediante alguna forma pronominal, a la cual se antepone la preposición que lleve —de hacerlo— el término mencionado. Los pronombres utilizables en buena parte de los casos son *alguien* y *algo* (el primero para la referencia a personas y el segundo para todo lo demás). De este modo, a los ejemplos presentados unas líneas más arriba cabe añadir los siguientes:

— Han traído un paquete *para ti* → Si *para alguien* han traído un paquete es para ti.

— Insistió mucho *para que le dieran lo suyo* → Si *para algo* insistió mucho fue para que le dieran lo suyo.

— No se lo comió *porque no tenía hambre* → Si *por algo* no se lo comió fue porque no tenía hambre.

Las circunstancias de lugar, tiempo y modo no asumen, tras ser enfatizadas, las formas pronominales apuntadas, para aceptar, respectivamente, estas otras: *en algún lugar/sitio, en algún(a) momento/ocasión* y *de algún(a) modo/manera:*

— Se quedaron *allí* tres años → Si *en algún sitio* se quedaron tres años fue allí.

— Los enviamos *dentro de un mes* → Si *en algún momento* los enviamos es dentro de un mes.

— Lo resolvieron *como pudieron* → Si *de algún modo* lo resolvieron fue como pudieron.

La circunstancia de causa admite tanto *por algo* como *por esta razón/causa:*

— Estudiaba latín *porque le gustaba* → Si *por algo/alguna causa/ razón* estudiaba latín era porque le gustaba.

Observación 1

No obstante, en bastantes ocasiones puede prescindirse de las indicaciones pronominales circunstanciales (lugar, tiempo, modo, causa y finalidad), ya que la relación entre el verbo y el circunstancial es laxa, es decir, éste no es exigido por aquél:

— Trabajaron mucho *en ese lugar* → Si trabajaron mucho fue en ese lugar.
— Llegaron *ayer* → Si llegaron fue ayer.
— No puede salir *porque tiene gripe* → Si no puede salir es porque tiene gripe.
— Trabaja más horas *para comprarse ese coche* → Si trabaja más horas es para comprarse ese coche.

Observación 2

En cuanto a las peculiaridades que pueden mostrar los verbos de la estructura respecto del tiempo y el modo, hay que destacar las siguientes. Como *SI A + SER B* reproduce el esquema oracional condicional, los tiempos de A y *ser* deberán responder a los imperativos del mismo. Prescindiendo de otras posibles variantes, la expresión de la condición en español se reduce, como es sabido, básicamente a dos opciones: 1) real: *Si TENGO dinero, me COMPRO/COMPRARÉ un coche; si VAS a la calle, CÓMPRAME el periódico (si* + indicativo, indicativo/imperativo), y 2) irreal: *Si TUVIERA dinero, me COMPRARÍA un coche (si* + imperfecto de subjuntivo, condicional simple, irrealidad referida al presente o al futuro) por un lado, y *SI HUBIERA TENIDO dinero, me HABRÍA COMPRADO/HUBIERA COMPRADO un coche (si* + pluscuamperfecto de subjuntivo, condicional compuesto/pluscuamperfecto de subjuntivo, irrealidad referida al pasado) por otro. La expresión que comentamos *SI A + SER B* responde siempre a uno de estos tipos, de modo que el verbo de la expresión necesita ajustar su tiempo, para poder repetirse en A, a los requisitos de la nueva situación. Es por esto por lo que en A no es viable el futuro:

— *Vendrá* mañana → Si *viene* será/es mañana.
— *Vino* ayer → Si *vino* fue ayer.
— Se *levanta* a las ocho → Si se *levanta* es a las ocho.

Cuando la expresión simple muestra el verbo en condicional, A adopta la estructura irreal:

— *Vendría* el martes que viene → Si *viniera* sería el martes que viene.
— *Vendría* ayer → Si *hubiera venido* habría sido ayer.

Observación 3

Las expresiones simples que, construidas con *querer, gustar, desear,* etc., en condicional, exhiben el valor de 'cortesía', escapan al esquema y mantienen el condicional:

— Me *gustaría* que vinieras → Si algo me *gustaría* es/sería que vinieras.

— *Querría* visitarte → Si algo *querría* es/sería visitarte.

Observación 4

Por lo que toca a *ser,* éste se presenta cabalmente en el tiempo y modo permitidos en la apódosis de los tipos reseñados para la condición, a excepción del imperativo:

— Vendrá hoy → Si viene *es/será* hoy.

— Vino hace un mes → Si vino *fue* hace un mes.

— Se ducha todos los días → Si se ducha *es* todos los días.

— Vendría este fin de semana → Si viniera *sería* este fin de semana.

— Vendría la semana pasada → Si hubiera venido *habría sido/hubiera sido* la semana pasada.

Si se trata de expresiones de 'cortesía', *ser* aparece tanto en presente como en condicional:

— Me gustaría que vinieras → Si algo me gustaría *es/sería* que vinieras.

Observación 5

Por último, cuando el énfasis recae sobre el sujeto de la expresión simple, éste exige, una vez transportado a la expresión enfática, la concordancia con *ser:*

— Me acerqué yo → Si alguien se acercó *fui yo.*

— Acabarás *tú* muy mal → Si alguien acabará muy mal *serás tu.*

2.2. Dado que la estructura SER + TÉRMINO DESTACADO + PROPOSICIÓN DE RELATIVO se incrusta, con la previa elisión de la proposición de relativo, como segundo miembro, en SI A + SER B, ésta, al igual que aquélla, es el resultado de destacar cualquier elemento que desempeñe alguna función primaria:

— *Juan* me lo dijo → Si alguien me lo dijo fue Juan (sujeto).

— Dijo *que vendrían hoy* → Si algo dijo fue que vendrían hoy (complemento directo).

— Se *le* olvidaron los libros → Si a alguien se le olvidaron los libros fue a él/ella/usted.

— Hablaban *de la situación política* → Si de algo hablaban era de la situación política (suplemento).

— Se marchó *a Nepal* → Si se marchó (a algún sitio) fue a Nepal (complemento circunstancial).

— Lo explicó todo *porque lo exigía el reglamento* → Si (por alguna razón) lo explicó todo fue porque lo exigía el reglamento (complemento circunstancial).

— Invierte *para obtener beneficios fiscales* → Si (por algo) invierte es para obtener beneficios fiscales (complemento circunstancial).

— Contestó *muy amable* → Si (de algún modo) contestó fue amable (predicativo).

— Luis es *médico* → Si algo es Luis es médico (atributo).

— Están muy *molestos* → Si algo/(de algún modo) están es molestos (atributo).

— *Le enviaron un ramo de flores para su cumpleaños* → Si algo hicieron fue enviarle un ramo de flores para su cumpleaños. / Si algo pasa es que le enviaron un ramo de flores para su cumpleaños (predicado o totalidad de la expresión).

2.3. El empleo de la expresión *SI* A + *SER* B en el discurso responde, obviamente, a la imbricación de los valores comunicativos de sus elementos constitutivos: *SI* A y *SER* B. La naturaleza del segundo no presenta, al parecer, problema alguno de interpretación, pues se trata de la expresión *SER* + TÉRMINO DESTACADO (+ PROPOSICIÓN DE RELATIVO) con valor focal. En ella, como ya se sabe, la proposición de relativo se elide por llevar —sin ser asumida como tema— información conocida, en tanto que el término destacado transmite la información nueva. En el primer miembro, *SI* A, A reproduce lo expresado en la proposición de relativo incluida en el segundo, *SER* B, con la única variación formal de los elementos pronominales:

— Si *alguien lo dijo* fue Juan (el que lo dijo).

En consecuencia, la información que encierra A *(alguien lo dijo = el que lo dijo)* es conocida. Ahora bien, a diferencia de lo que acontecía con SER + TÉRMINO DESTACADO + PROPOSICIÓN DE RELATIVO, en esta ocasión es considerada *tema* de la expresión, hecho éste que aproxima SI A + SER B a PROPOSICIÓN DE RELATIVO + SER + TÉRMINO DESTACADO:

> — Si alguien lo dijo fue Juan (el que lo dijo).
> — El que lo dijo fue Juan.

La diferencia entre ambos tipos de enunciado se origina en el valor que desencadena la conjunción *si.* Ya se dijo en su momento que la emisión de *El que me lo dijo fue Juan* o *Fue Juan el que me lo dijo* presupone pensar que 'alguien lo dijo', para, acto seguido, discutir si ese 'alguien' fue *Juan, Luis, ..., X:*

> 0. < 'Alguien lo dijo' >.
> A. Lo dijo *Juan.*
> B. a) No. El que lo dijo fue Luis.
>   b) No. Fue Luis el que lo dijo.

Al añadirse *si,* lo que de nuevo se aporta a lo anterior consiste en determinado valor hipotético (o de incertidumbre o discusión acerca de la validez de algo). Este valor hace sentir su influencia justamente en el término de la presuposición destinado a la discusión discursiva, y desencadena por ello un sentido pragmático de *exclusividad;* es decir, lo que se expresa en el término destacado de B llega a constituirse, para quien emite la expresión, en la *única* realidad que satisface la condición presentada en SI A:

> 0. < '*Alguien* lo dijo' >.
> A. Lo dijo Juan, creo.
> B. No. El que lo dijo fue Antonio.
> C. ¡Qué va! Si alguien lo dijo fue Luis.

Como puede verse, B muestra su disconformidad con A en lo que respecta a la persona con que se deba identificar el 'alguien' de la presuposición en que se asienta el diálogo; C discute las soluciones propuestas por A y B, para acabar proponiendo otra que presenta como exclusiva. Si parafraseamos el turno de C, tendremos, más o menos: 'C añadió que ni lo uno ni lo otro, que el *único* que podría haberlo dicho era Luis'.

2.4. Así las cosas, los valores comunicativos de la expresión son híbridos, pues todos ellos son focales (relieve de la información nueva) e hipotéticos a un tiempo (discusión del tema, la información conocida), ajustándose en todo lo demás a algunos de los asignados a la expresión PROPOSICIÓN DE RELATIVO + *SER* + TÉRMINO DESTACADO:

a) contrastivo:

　　0. < 'Juan se fue a algún lugar' >.
　　A. Juan se fue a Madrid.
　　B. Si se ha ido a algún lugar ha sido a Barcelona.

　　0. < 'Hablan de algo' >.
　　A. Hablan de hacer esto y aquello.
　　B. Si hablan de hacer esto y aquello de lo que hablan es de que trabajen unos y se aprovechen otros.

b) personal:

　　0. < 'A *B* le molesta algo' >.
　　A. Ya están otra vez los vecinos con la música.
　　B. Es verdad. Si algo me molesta es el rock duro.

　　0. < 'A *B* le gusta algo' >.
　　A. No soporto el calor.
　　B. Pues a mí si algo me gusta es el calor.

Los valores metalingüístico y factual, que responden a asunciones respetadas en todos los casos por los participantes al efecto de que la comunicación pueda establecerse (esto es, se piensa y se acepta cooperativamente que los interlocutores siempre 'quieren decir' algo y que cualquier cosa puede ser entendida como 'suceso'), no admiten ser puestos en duda con *si*, por lo que no son motivo de 'negociación' en el transcurso de la conversación.

3.1. Como en las expresiones anteriores, también se utiliza *ser* por razones de énfasis en otra que, al menos externamente, responde a una estructura examinada ya: A + *SER* + preposición + B. Examínense estos ejemplos:

— El enfado es contigo.
— El arreglo no fue con la parte contraria.
— Su dedicación fue siempre a la música.
— Su ruptura fue con todos.
— El acuerdo será con la oposición.
— La riña que dices fue con su novia.
— El olor de este pañuelo es a lavanda.
— La referencia es a lo que se ha dicho antes.
— La incitación fue a la rebelión.
— La información que recibió fue sobre el atentado de ayer.
— Su sometimiento fue a todas esas condiciones.
— La fijación del movimiento inflacionario es en cinco puntos.
— Su contribución era a hacer la vida menos tediosa.
— Su renuncia fue a casarse en semejante situación.
— La repercusión es en los pulmones.
— La carencia que padecían era de todo lo indispensable.

Por un lado, todos ellos muestran en el primer miembro (A), como expresión sujeto, sintagmas nominales cuyo núcleo lo constituyen sustantivos de significación 'verbal' (nombran procesos o acciones): *enfado* = 'acción de enfadarse con alguien', *arreglo* = 'acción de arreglarse alguien con otra persona o algo', *dedicación* = 'acción de dedicarse alguien a algo', *ruptura* = 'acción de romper alguien con otra persona o algo', etc. Por otro, el segundo miembro (B) de estas expresiones presenta un sintagma preposicional, cuya preposición coincide con la que, en otras circunstancias, hubiera regido el verbo correspondiente a los sustantivos mencionados. Según esto, tenemos que *El enfado es contigo* presupone 'X está enfadado con alguien' o 'X se ha enfadado con alguien' *(enfado/enfadarse con); Su ruptura fue con todos* remite a 'X rompió con todos' *(ruptura/romper con),* etc.

Observación

Los verbos que carecen de correlatos sustantivos no pueden motivar la expresión que analizamos: *constar de, adolecer de, versar sobre, abogar por, desistir de, prescindir de, alardear de, proceder a,* etc. En otras ocasiones, aun existiendo tales sustantivos, la expresión se hace imposible porque éstos han perdido su capacidad de nombrar el 'proceso' o la 'acción', describen una acepción del verbo que no se corresponde con aquella en que éste se usa cuando rige preposición, o han sido poco ensayados en la norma como integrantes de la expresión enfática: *creencia* (**Su creencia era en que vendrían después* no es remisible a 'X creyó en que vendrían en cierto momento'); *prestación* (nunca significa 'acción de prestarse alguien a algo', por lo que un enunciado como **La prestación del gobierno fue a aclarar la situación* (= 'El gobierno se prestó a aclarar la situación') es inviable; *despedida* (aunque signifique comúnmente 'acción de despedirse alguien de otra persona', no es muy normal decir *La despedida fue de su mujer* ('X se despidió de su mujer'), etc.

3.2. La causa de preferirse en ciertos momentos del discurso la construcción con *ser* a la correlativa constituida por el verbo y la preposición correspondiente se asocia a imperativos de tipo pragmático. En efecto, el énfasis que separa *Se enfadó contigo* de *El enfado fue contigo* consiste en: a) hacer resaltar al oyente, en vez del proceso expresado por el verbo (lo propio de la expresión no enfática), los efectos del mismo respecto del término con que se construye, o b) marcar algún contraste (discusión, desacuerdo, etc.) a raíz de la proferencia previa:

> 0: < 'X riñó con alguien' >.
> A. Pepe ha reñido con su novia.
> B. Sí, es verdad: la riña ha sido con su novia.
>
> 0. < 'X se enfadó con alguien' >.
> A. Luis se enfadó con él.
> B. ¿Con él? El enfado fue contigo.

Como puede verse, el empleo de la expresión que estudiamos es prácticamente idéntico al de PROPOSICIÓN DE RELATIVO + SER + TÉRMINO DESTACADO. Esto no es sorprendente si se tiene en cuenta que el contenido del sustantivo de la primera muestra de modo condensado el de la proposición de relativo (en los ejemplos anteriores, *La riña ha sido con su novia* y *El enfado fue contigo* podrían permutarse por *Con la que ha reñido Pepe es con su novia* y *Con quien se enfadó Luis fue contigo*, respectivamente).

4.1. La estructura *es que* X (proposición) constituye uno de los rasgos que más caracterizan el modo de ser externo del registro conversacional. El papel sintáctico que en esta construcción desempeña la proposición no parece claro. Hay quienes la consideran sujeto de *ser*, en tanto que otros estiman estar en presencia de la expresión abreviada de una oración cuyo sujeto no aparece explícitamente unas veces (la forma típica que adquiere esta estructura: *es que X*) y sí en otras con el auxilio de las formas pronominales *ello, esto, eso* y *aquello*.

Con ser importante, no es éste el momento, sin embargo, de entrar en detalles sobre la cuestión mencionada. Sí lo es, en cambio, de explicar de qué modo utiliza el hablante estas fórmulas.

4.2. La construcción *es que* X justifica la respuesta negativa del oyente a la petición u orden previa del hablante:

1) A. Cómete otro bocadillo, te invito yo.
   B. *Es que* no puedo más.

2) A. ¿Podrías traerme ese libro?
   B. *Es que* la librería me coge muy lejos de donde trabajo.

En tales casos la proposición describe alguna circunstancia que merma la capacidad del oyente para llevar a cabo lo que el hablante pide u ordena.

4.3. Por otra parte, si alguien expresa, de la manera que sea (exclamación, pregunta aparente, aseveración instigadora), lo inesperado o inapropiado, desde su punto de vista, de determinada acción, proceso o estado, con la fórmula que estudiamos el oyente justifica esas circunstancias, pues la proposición describe la causa que anula la validez de las contrarias:

1) A. ¡Qué frío hace aquí!
   B. *Es que* no han encendido la calefacción.

2) A. ¿Ya estás aquí, tan pronto?
   B. *Es que* me aburría de estar dando vueltas por ahí.

3) A. Llevas un mes saliendo con esa chica y no me dices nada. ¡No hay derecho!
   B. *Es que* no sabía cómo decírtelo.

4) A. Otra vez lo han suspendido.
   B. *¡Es que* no estudia!

Así, el ejemplo 1 intenta representar cómo determinada persona expresa su desagrado por el frío que hace en determinado lugar cuando no debiera hacerlo. A ello responde el interlocutor con la explicación de la causa que impide la situación esperada: porque hoy, en contra de lo habitual, no se ha encendido la calefacción. Se aprecia claramente que, de manera similar al caso anterior, la proposición describe la circunstancia que obstaculiza la realización de las previsiones del hablante.

Asimismo, basta con que la situación proporcione información no verbalizada sobre cualquiera de los aspectos mencionados, para que se utilice *es que* X:

> (X da muestras de asombro ante la vista de Y que conduce un suntuoso *Rolls Royce.*)
> Y. *Es que* me ha tocado la lotería.

Observación 1

La presencia de formas pronominales se explica por otras o parecidas razones. En efecto, si en una situación determinada el hablante percibe algo no fácilmente identificable que, al ser inadecuado o novedoso, por ejemplo, rompe sus expectativas sobre lo que debería ser tal situación, se halla en condiciones de preguntar al oyente sobre la identidad de ese algo. Utiliza, para ello, en la formulación de la pregunta, alguno de los deícticos *esto, eso* o *aquello* como sujeto, con lo cual origina al oyente la necesidad de responder con la estructura *es que* X, encabezada por uno de los elementos citados (según exijan, para cada ocasión, las normas de la deixis), e identificar, mediante las circunstancias causales que describe la proposición, el contenido del elemento pronominal en cuestión. Se trata, pues, de justificar lo inesperado de una circunstancia situacional con la explicación de la causa que la origina:

> 1) A. ¿Y esto de aquí?
>   B. *Eso es que* le cayó agua y se manchó.

2) A. Oiga, ¿qué es aquello tan extraño?
   B. *Aquello es que,* después de llover tanto, con el calor del sol, la tierra parece echar humo.

3) A. Este jarrón es muy bonito, ¿le gusta?
   B. Sí, mucho. Pero, ¿qué es eso que tiene en el borde?
   A. ¿En el borde? ¡Ah, es verdad! *Esto es que* se ha roto con el transporte. Le daré otro.

Obsérvese que todas las preguntas que muestran los ejemplos son susceptibles de ser parafraseadas en los siguientes términos: '¿Cómo es que existe esto de aquí?', '¿Cómo es que aquello tan extraño sucede?' y '¿Cómo es que el jarrón tiene eso en el borde?'. Además, justamente por ser admitidas estas paráfrasis, las respuestas permiten otras: 'Hay explicación para eso: le cayó agua y se manchó', 'Aquello tiene su explicación: después de llover tanto, con el calor del sol la tierra parece echar humo' y 'Esto se debe a que se ha roto con el transporte'.

Observación 2

De no poderse interpretar la pregunta en los términos en que se ha visto, perderían el componente expresivo (esto es, no las formularía el hablante motivado por el desequilibrio que surge entre lo previsto y lo inesperado), y constituirían, así, casos de preguntas normales (las que se utilizan exclusivamente para obtener determinada información sobre algo):

1) A. ¿Y esto de aquí?
   B. Eso de ahí es una mancha.

2) A. Oiga, ¿qué es aquello tan extraño?
   B. Aquello es el humo que echa la tierra, cuando la calienta el sol, después de llover mucho.

3) A. ¿Qué es eso que tiene en el borde?
   B. Esto es un desperfecto a causa del transporte.

En estos casos las respuestas no justifican, sólo informan, a quien haya formulado la pregunta, de los aspectos desconocidos de cierta realidad.

Observación 3

Por otro lado, la pregunta puede no verbalizarse, si el contexto permite la formulación implícita de la misma:

(A muestra asombro, contrariedad, etc., ante algo [identificable como una mancha] que no tiene previsto.)
B. Eso es que le cayó agua y se manchó.

Observación 4

La forma *eso,* perdiendo parte de sus características deícticas, puede utilizarse, en la estructura que comentamos, con finalidad algo distinta de la considerada más arriba. Véanse estos ejemplos:

1) A. Tardan mucho los chicos hoy.
   B. *Eso es que* han perdido el autobús.

2) A. ¡Qué dolor de cabeza tengo!
   B. *Eso es que* has cogido frio.

Al comentario sobre determinado estado de cosas, por parte del hablante, el oyente replica para justificar tal estado, y lo hace aduciendo la descripción de una causa *supuesta.* De este modo, el primer ejemplo se podría narrar así: 'A le dijo a B que le extrañaba que los chicos tardasen tanto en venir ese día. A lo que le repuso B que ello sería debido a que posiblemente habrían perdido el autobús'.

Observación 5

La aparición de *ello* en la construcción de *es que* X es bastante menos frecuente que las de los elementos ya estudiados. Cuando se da, *ello* constituye recurso típico del estilo literario y nunca del conversacional:

1) *Ello es que* después de cenar, se fueron todos al jardín.
2) *Ello es que* se enfadó y no vino más.

Constituye esta fórmula un procedimiento de recapitular o resumir lo expuesto anteriormente, haciendo hincapié en la circunstancia o circunstancias que se consideren más relevantes al caso. Cabe, así, la sustitución por *el caso es que* (...) o *lo cierto es que* (...).

4.4. La estructura *es que* X constituye frecuentemente la base de enunciados interrogativos:

1. ¿Es que no vienes con nosotros?
2. ¿Es que tiene hambre el chico?

La pregunta así construida adopta generalmente dos valores bien diferenciados:

a) La pregunta se hace sobre determinada circunstancia que, asumida como verdadera por el hablante, no llega a darse (es falsa) en cierto momento. La pregunta expresa, así, una contradicción entre lo previsto y lo real, y el efecto psicológico que ello produce en el hablante (sorpresa, generalmente). Puede parafrasearse esta estrategia así: 'Era evidente que venías con nosotros; pero ahora, en cambio, parece ocurrir lo contrario, ¿es así?'. De ahí que la expresión admita, como refuerzo, *cómo:*

— ¿Cómo es que no vienes con nosotros?

Se observa que esta configuración refuerza la propia de las preguntas negativas, cuyo valor comunicativo es muy aproximado: *¿No vienes con nosotros?* es prácticamente sinónima de *¿Es que no vienes con nosotros?* Las diferencias entre las preguntas con y sin *es que* X aparecen claras en los casos afirmativos: *¿Es que vienes con nosotros? / ¿Vienes con nosotros?* En el segundo (con la entonación debida) tenemos simplemente una pregunta *sí/no,* mientras en el primero hay, además de esto, la contradicción arriba explicada.

b) La pregunta pide que se confirme o niegue lo expresado en ella, siendo este contenido la causa o explicación propuestas por el hablante a una circunstancia previa. Consideremos el momento en que el ejemplo 2 puede decirse; evidentemente podremos reconstruir un contexto adecuado a lo que se ha expuesto en a) ('El chico debe haber comido ya, ¿cómo es que tiene hambre?'), pero también puede suponerse la circunstancia de que, ante el llanto persistente de un chico, por ejemplo, alguien pregunte si tiene hambre, intentando explicarse la razón del hecho.

4.5. *Es que* X se articula en la prótasis del período condicional: *si es que* X, de lo que resulta la estructura A + *si es que* B:

1. Viene hoy, si es que no ha venido ya.
2. Estará comiendo, si es que no ha comido a mediodía.
3. Lo termino hoy, si es que viene mi ayudante.
4. Lo leería en el tren, si es que llevaba las gafas.

Esta construcción depara al hablante la posibilidad de atemperar su aserto, de comprometerse en menor grado con lo expresado en el mismo (por esto la prótasis aparece en segundo lugar y no al comienzo, como sería de esperar). Así, por ejemplo, 1 parece querer decir: 'Viene hoy, pero esto no es seguro porque puede haber venido ya'. Obsérvese que se inserta la negación en el segundo miembro de la expresión (*si es que no* B) cuando B reproduce de algún modo lo que se dice en A (cf. 1 y 2); ello no es posible en el caso contrario (cf. 3 y 4).

4.6. *Es que* X admite la negación (con lo que el verbo de la proposición aparece en subjuntivo), siendo preciso en este caso añadir a la estructura así configurada otra, a modo de segundo miembro, introducida por *es que, sino que* o *pero: no es que* A + *es que/sino que/pero* B:

1) *No es que* tenga miedo, *es que* no me atrae nada la idea.
2) Yo *no es que* quiera decir eso, *sino que* las cosas no son como tú dices.
3) *No es que* tengas tú toda la culpa, *pero* parte sí que tienes, ¿eh?

Es indiferente el empleo de *es que* o *sino que,* pues con ambos elementos se expresa lo mismo: la intención de hacer notar al interlocutor, corrigiéndolo, que la expresión previamente proferida (la cual versa —del modo que sea— sobre determinado aspecto, verbal o no, del contexto que constituye la base del diálogo), es inadecuada o impropia. De ahí que la estructura sea binaria y consista en *no es* A (subjuntivo) + *es que/sino que* B (indicativo). El primer miembro indica lo erróneo y el segundo describe lo correcto, mediando entre ambos una relación de exclusión:

4) A. Te invito a cenar esta noche.
   B. Lo siento, me gustaría mucho, pero no puedo.
   A. ¿No te agrada mi compañía?
   B. *No es que* no me agrade tu compañía, *es que* tengo un examen de matemáticas mañana y necesito todo el tiempo para estudiar.

5) A. Me duelen mucho los riñones.
   B. Eso es que has hecho algún movimiento brusco.
   C. *No es que* haya hecho ningún movimiento brusco, *sino que* ha cogido frío.

La utilización de *pero* responde a una motivación similar, si bien la corrección se establece en otros términos: el miembro introducido por la conjunción describe la modificación de alguna de las implicaciones del primero, con lo que se restringe la validez del mismo. Además, la estructura en su conjunto se emplea para responder a una preferencia previa de marcado carácter instigador o impositivo (asertos emitidos de forma tal que 'imponen' una creencia u opinión, preguntas 'comprometedoras', peticiones de corroboración de opiniones, etc.):

6) A. Te digo que Juan no es muy alto.
   B. Es verdad: no es que sea muy alto, pero lo parece.

7) A. ¡No sé cómo puede tener fama una actriz así! ¡No es guapa!
   B. Llevas razón: no es que sea guapa, pero gusta.

8) A. ¿De verdad que va diciendo siempre las mismas cosas por ahí? ¡No me lo puedo creer!
   B. Bueno: no es que siempre las vaya diciendo, pero a veces sí.

En estos ejemplos la preferencia de B reproduce, como en eco, el objeto de la preferencia de A —siempre considerado negativamente—, para corregirla en alguno de sus supuestos. Según esto, en 6, por ejemplo, en opinión de B el turno de A informa no sólo de lo que literalmente dice ('Juan no es muy alto'), sino de lo que implica ('Si Juan no es muy alto, *entonces no puede parecerlo*'); B considera erróneo este modo de ver las cosas, por lo que acepta el sentido literal y rechaza la implicación ('Te concedo que Juan no es muy alto; sin embargo, esto no implica que no pueda parecerlo, porque de hecho lo parece'). Idéntica explicación cabe aducir para los ejemplos 7 y 8.

Observación 1

Los ejemplos que presentamos a continuación difieren de los anteriores en que la emisión de A no se interpreta como negativa ni la de B copia —caso de que lo haga— exactamente aquello de que se habla en la de A:

> 1) A. Juan es muy alto, ¿a que sí?
>   B. No es que sea bajo, pero no serviría para jugador de baloncesto.
> 2) A. ¿Qué te parece este coche?
>   B. Pues mira, no es que sea malo, pero a mí no me convence.

El valor y empleo generales de *no es que* A + *pero* B se mantienen aquí. Lo nuevo consiste en que *no es que* A aminora la contundencia con que se ha emitido la proferencia anterior (en 1, *Juan es muy alto, ¿a que sí?),* negando el término contrario *(bajo)* al que constituye el foco de atención de esta proferencia *(alto).* En 2, donde no parece haber —al menos externamente— conexión entre lo que dicen A y B, respectivamente, se da no obstante la misma situación: lo que ocurre es que B implica, en la emisión de A *(¿Qué te parece este coche?)* una opinión tácita ('El coche de que hablo es muy bueno'), por lo que la respuesta, diplomáticamente presentada, alude más directamente a ella que a la pregunta efectivamente realizada.

Observación 2

Cuando la negación afecta a *ser* en *es que* X, la estructura se convierte en *no sea que* X y funciona como segundo miembro de otra mayor: A + *no sea que* B. El hablante se sirve de esta estructura para informar de la razón por la que considera conveniente la realización de A en cierto momento; la razón aludida se asocia al conjunto *no sea que* B y consiste en *evitar* lo expresado en B:

1. Lo llamaré, no sea que piense que no me acuerdo de él.
2. Estudia, no sea que suspendas.

La construcción presenta, como se ve, un claro sentido de finalidad o causa, ligado a cierto matiz de temor. Por tanto, 1 y 2 admiten, respectivamente, las siguientes paráfrasis: 'Lo voy a llamar, para que no piense —como me temo— que no me acuerdo de él' y 'Le dijo que estudiara, porque temía que suspendiera'.

La expresión admite la forma perifrástica con *ir: no vaya a ser que* B. El sentido y uso son idénticos a los ya apuntados:

— Estudia, no vaya a ser que suspendas.

TERCERA PARTE

USOS ATRIBUTIVOS

VIII

LA ATRIBUCIÓN

1. Recogemos y ampliamos aquí lo ya dicho en la *Introducción (vid.* «Preámbulo teórico» y «Estructura del presente trabajo»). Sin negar otras posibilidades, y movidos por razones prácticas, entendemos «atribución» en sentido restringido, que se concreta en tres puntos: a) hablamos de atribución sólo cuando esta clase de relación da lugar a un tipo especial de oración (esta oración, por supuesto, igual que otras, puede verse incluida en una unidad más amplia; así, *Los empleados son puntuales* es una oración atributiva, que caracterizamos como proposición cuando aparece incluida en una oración compleja como *Me extraña que los empleados sean puntuales);* b) además, hablamos igualmente de atribución sólo cuando el segmento que presumiblemente funciona como atributo puede reproducirse junto al verbo mediante la forma pronominal *lo,* y únicamente mediante ésta; véanse los siguientes ejemplos:

— ¿Los empleados estaban inquietos? — Sí, *lo* estaban.
— ¿Los empleados parecían inquietos? — Sí, *lo* parecían.
— ¿Los empleados resultaban inquietos? — *Sí, *lo* resultaban.

c) como ya hemos dicho en la *Introducción,* y aunque la razón allí apuntada no sea suficiente, prescindimos en este estudio del verbo *parecer.*

2. Hechas las precisiones anteriores, los rasgos que caracterizan a las oraciones atributivas son los siguientes (1):

a) La relación sintagmática que conocemos como atribución se da entre tres elementos: el *sujeto,* siempre de naturaleza nominal, al que se aplica lo significado por el atributo; el *verbo (ser* o *estar),* que enlaza sujeto y atributo, con las peculiaridades que trataremos de señalar más adelante; y el *atributo,* soporte significativo básico de lo atribuido al sujeto, y cuya naturaleza es variable, aunque fundamentalmente se trata de adjetivos, sustantivos y, en menor escala, de adverbios:

— Mi amigo es el médico principal del distrito.
— Mi amigo está enfermo.
— Mis amigos están estupendamente.

Observación

Hay que tener en cuenta que la atribución e impersonalidad (gramatical) no son incompatibles, por lo cual el sujeto falta, evidentemente, cuando tenemos una oración impersonal:

— Se es inteligente por naturaleza.
— Después de tanto correr se está muy cansado.
— Aunque seas atento con los demás, no esperes que te respondan siempre con la misma moneda.

(en el último enunciado entiéndase que no hay referencia a un «tu» concreto, sino que pretende hacerse un juicio de validez general, aplicable a cualquier persona).

b) El sujeto y el atributo concuerdan, siempre que es posible, en genero y número; véanse algunos casos en que la posibilidad de concordancia no se da:

— Querer es poder.

---

(1) Un tratamiento más detallado puede verse en S. Gutiérrez, «La atribución», incluido en su libro ya citado, págs. 15-29; conviene adelantar que S. Gutiérrez no somete la atribución a las restricciones que nosotros hemos indicado.

(ninguno de los elementos conoce variaciones de género ni de número).

— Las conferencias son un desastre.

(en este enunciado, como en otros con *una maravilla, una porquería, un éxito, un fracaso, un chasco, un engaño,* etc., funciona como atributo un sintagma nominal inmovilizado en cuanto al género y al número que, como bloque, caracteriza positiva o negativamente al sujeto).

— Mis desvelos son tu esperanza.

(la inmovilidad señalada no se limita a los casos de *un(a)* + sustantivo, sino que alcanza también a algunos sustantivos abstractos acompañados de otros determinantes).

Observación

Suele hablarse también de concordancia de número entre verbo y atributo; sin negar la frecuecia del hecho, parece más acertada la interpretación de S. Gutiérrez (2): la concordancia entre verbo y atributo es una consecuencia de la que existe entre sujeto y atributo; en efecto, así puede comprobarse en algunos de los ejemplos anteriores: si en *Las conferencias fueron un desastre* y en *Mis desvelos son tu esperanza* no se da concordancia de número entre verbo y atributo es porque ésta falta entre sujeto y atributo.

c) Como ya hemos indicado repetidas veces, el atributo es siempre conmutable, independientemente de su género y número, por la forma pronominal *lo.*

Observación

Aunque nosotros no hemos querido plantearnos la cuestión desde una perspectiva teórica *(vid.* 2.ª parte, V), en este hecho encuentran un argumento a favor aquellos que sostienen

---

(2) *Op. cit.,* pág. 27.

que, en cuanto a estructuras oracionales se refiere, no hay motivos para distinguir una «pasiva» en español, y que la así llamada es como mucho una «modalidad» de la atribución; en lo que a la conmutación se refiere, ésta es posible, en efecto, tanto en

— ¿Los libros son buenos? — Sí, *lo* son.

como en

— ¿Los libros han sido vendidos? — Sí, *lo* han sido ya.

XI

ATRIBUTOS «NO ADJETIVOS»

1. Para estudiar los usos de *ser* y *estar* como verbos atributivos vamos a establecer dos grandes apartados: uno constituido por las oraciones en que como atributo funciona un «adjetivo»; otro en el que recogemos los casos en que el atributo no es «adjetivo» (al menos, no lo es formalmente, desde el punto de vista de su forma). Este segundo grupo es el que vamos a analizar primero.

2. **El «sustantivo» como atributo.**—Entiéndase que nos referimos ahora a: 1) sustantivos o sintagmas nominales que 2) no estén unidos al verbo mediante elemento de enlace (preposición). Dadas estas circunstancias, todos los autores están de acuerdo en que el verbo que se usa es *ser*. Como desarrollaremos con más detalles en el capítulo siguiente (el dedicado a los atributos «adjetivos»), el sustantivo o el sintagma nominal representan una «clase» a la cual resulta adscrito el sujeto. Tratemos de verlo con ejemplos diferentes:

a) Juan es médico.

Aquí el sustantivo menciona una clase en la que el sujeto resulta incluido, es un miembro de ella. Los ejemplos de este tipo son numerosísimos, por lo cual no merece la pena insistir en ellos. Para corroborar que se trata del caso más claro de clasificación, repárese en que aquí sólo es posible la pregunta con *qué:*

> — ¿*Qué* es Juan? — Es médico.
>
> b) Juan es un médico muy conocido.

Como atributo tenemos ahora un sintagma nominal (el carácter sustantivo de *médico* es evidente, como testimonian la presencia del determinante *un* y del segmento adyacente *muy conocido*). Para justificar la idea de clasificación podemos argumentar que ahora no se trata de los médicos en general, sino sólo de la clase de los médicos muy conocidos, en la cual se adscribe igualmente el sujeto. En este caso, sin embargo, pueden emplearse tanto *qué* como *quién* en la pregunta:

> — ¿*Quién/Qué* es Juan? — Es un médico muy conocido.

Contra la argumentación anterior puede aducirse la viabilidad de enunciados como

> — Juan es un médico.

en el que la idea de clasificación ya no se observa con claridad. Sin embargo, creemos que sigue siendo defendible si tenemos en cuenta las condiciones de uso; si se trata de clasificar en términos generales, diremos *Juan es médico* y no *Juan es un médico;* imaginemos, como situación, una en que se esté hablando de varias personas (Juan, Antonio, Luisa, etc.); alguien que desconozca a qué persona se le aplica el nombre *Juan* no preguntará ¿*Qué es Juan?,* sino ¿*Quién es Juan?:* entre las respuestas posibles no está *Juan es médico,* pero sí, en cambio, *Juan es un médico.* Dicho con otras palabras: cuando alguien quiere clasificar a *Juan* en la clase de los médicos, empleará *Juan es médico* si sabe (o supone, que para el caso da igual) que el interlocutor ya conoce de algún modo a la persona llamada *Juan;* por contra, dirá *Juan es un médico* si sabe (o supone) que el interlocutor desconoce a tal persona. En el primer caso proporciona información sobre un sujeto conocido; en el segundo, trata de algún modo de ayudar a la identificación de un sujeto desconocido.

c) Juan es el médico de mi pueblo.

En este enunciado funciona como atributo un sintagma nominal definido. También aquí caben las preguntas con *qué* y con *quién: Juan es el médico de mi pueblo* resulta respuesta válida tanto si el oyente conoce o no previamente al sujeto. Ahora la clase está constituida por un solo elemento o miembro, precisamente el que funciona como sujeto.

Observación 1

No ignoramos que el ejemplo acabado de estudiar representa un caso del tipo de oración al que diversos autores llaman «ecuativo». Vaya por delante que esto no significa para nosotros que deje de ser oración atributiva; presenta, eso sí, dos peculiaridades (aunque más bien pensamos que son la manifestación de una sola): a) los dos elementos son intercambiables; obsérvese:

— Juan es el médico de mi pueblo. / El médico de mi pueblo es Juan.

b) dada esta posibilidad, opinan algunos que en estas oraciones carece de sentido preguntar cuál es el sujeto y cuál el atributo. Volveremos inmediatamente sobre esto. Ahora lo que conviene es recordar esa peculiaridad básica a que antes aludíamos: lo que ocurre en estos enunciados es que se relacionan dos expresiones referencialmente equivalentes, es decir, dos expresiones que denotan el mismo «objeto»; tales expresiones suelen ser en español nombres propios *(Juan),* pronombres *(yo)* o sintagmas nominales definidos (el médico de mi pueblo). Esta equivalencia es la que explica la peculiaridad a) arriba mencionada, es decir, que el orden de los elementos sea intercambiable; sin embargo, creemos que no justifica del todo la peculiaridad b): salvo alteraciones de orden estilístico, nos parece que el segundo miembro sigue siendo el atributo de la oración, como atestigua la conmutación mediante *lo;* téngase en cuenta, además y como siempre, que estos enunciados se dan en situaciones concretas y determinadas; a la vista de ello, se comprenderá que es más frecuente, aunque no obligatorio,

que estemos hablando de «Juan» y lo identifiquemos como,
por ejemplo, «el hombre más afable del mundo», y no a la inversa, que hablemos sobre «el hombre mas afable del mundo»
y lo identifiquemos como «Juan».

Observación 2

Se ha hablado de casos en los que *estar* se usa con atributos sustantivos. Veamos los mismos ejemplos aducidos por
R. Navas (3), después retomados por S. Gutiérrez (4). En

> a) Estaba muy *caballero* sobre su arzón.

parece clara la recategorización de *caballero*, que pasa a ser
adjetivo (repárese en la presencia del cuantificador *muy*). No
puede decirse lo mismo de ejemplos como

> b) ¡Qué *mozo* está!
> ¡No estás tu mala *pájara!*
> ¡Buen *médico* estás tú!

todos ellos, obsérvese, de carácter exclamativo o ponderativo;
aquí nos parece acertada la explicación defendida por varios
autores, entre ellos S. Gutiérrez, que consiste en suponer la
elipsis de *hecho:*

> —¡Qué mozo estás hecho!
> —¡No estás hecha tú mala pájara!
> — ¡Buen médico estás tú hecho!

c) por último, hay un pequeño grupo de enunciados del tipo

> —Estaba *pez* en matemáticas.

en los que cabe señalar dos hechos: a) el grupo *estar* + (supuesto) sustantivo adquiere un significado que no tiene nada
que ver con el de sus elementos: *estar pez* 'no saber nada', es
decir, se convierte en «modismo»; b) en relación con lo ante-

(3) *Ser y estar. El sistema atributivo del español.* Salamanca, Almar,
1977 (ed. renovada), págs. 66-67.
(4) *Op. cit.,* págs. 34-35.

rior, el sustantivo pierde sus notas definitorias y funciona como un adjetivo; de ahí la viabilidad de

— Estaba *muy pez* en matemáticas.

3. El «pronombre» como atributo.—Dado que el pronombre es un equivalente funcional del sustantivo, el uso sigue siendo el mismo: empleo del verbo *ser.* He aquí unos cuantos ejemplos:

— Este paquete de cigarrillos es *vuestro* («posesivo»).
— Los equivocados fueron *ellos* («personal»).
— El libro del que te hablé es *éste* («demostrativo»).
— Ellos serán *los que* den la noticia («relativo»; *vid.* 2.ª parte, VII).
— Eso no es *nada* («indefinido»).
— Los admitidos serán *pocos* («cuantitativo»).
— En la clase de informática somos *veinte* («cardinal»).
— Nuestros representantes serán *terceros* («ordinal»).

Observación 1

Dado el carácter «determinado», que no «definido», que suelen tener los pronombres, es muy frecuente que las oraciones atributivas en las que aparecen sean del tipo que antes hemos llamado «ecuativo»; compárense las correspondientes oraciones anteriores con las siguientes:

— Ellos fueron los equivocados.
— Éste es el libro del que te hablé.
— Pocos serán los admitidos.

Observación 2

El uso de *estar* con pronombres se halla muy limitado y ofrece algunas connotaciones especiales. Aparece con *cual* en construcción poco frecuente en el registro «normal»:

— Estoy *cual* me dejasteis.

que, además de admitir *tal* («Estoy *tal cual* me dejasteis»), es equivalente a la mucho más usada en cualquier registro

— Estoy *como* me dejasteis.

103

Con cuantitativos y numerales suele recobrar *estar* su sentido de 'localización':

— Hemos estado pocos en la reunión.
— Hoy han estado en clase sólo veinte.
— Durante unos minutos ha estado primero en la carrera.

4. Otros atributos

A) *Adverbios*

a) Si lo que vamos a decir del sujeto (se refiera éste a lo que se refiera) está representado por los que se consideran típicos adverbios de modo, *bien* y *mal,* es el verbo *estar* el que empleamos; véanse los siguientes enunciados:

— La reunión *ha estado* bien.
— La actuación de tu amigo *estuvo* francamente mal.
— Tu amigo *está* bien.
— El frigorífico *está* mal.
— No *estuvo* bien que le respondieras tan secamente.
— *Está* mal que llegues tarde a casa.

Observación 1

El mismo comportamiento cabe esperar del adverbio *regular* (semánticamente intermedio entre *bien* y *mal);* las posibles dudas vienen suscitadas por el hecho de que mientras *bien* y *mal* tienen como adjetivos correlativos (con variaciones de género y número) a *bueno* y *malo,* respectivamente, el adverbio *regular* lo tiene en su homófono *regular* (con variación de número solamente); pese a ello, creemos que el comportamiento es el mismo, como puede comprobarse en los ejemplos del tipo

— Las reuniones *han estado* regular.
— Tus amigos *han estado* regular.

Observación 2

Lo que hemos dicho de *bien, mal* y *regular* debe aplicarse a algunos adverbios en *-mente* que, en registros informales, expresan lo mismo que aquéllos, normalmente con un valor ponderativo, enfático o expresivo; en realidad, encontramos más equivalentes de *bien (estupendamente, colosalmente, magníficamente,* etc.) que de los otros dos *(pésimamente, normalmente,* etc.).

Observación 3

La regla de que cuando uno de los dos miembros que han de unirse tiene forma oracional se emplea siempre el verbo *ser (vid.* más adelante), halla una de sus excepciones precisamente en el caso de los adverbios que estamos mencionando; a los ejemplos dados antes pueden añadirse otros como los siguientes:

— *Estuvo* mal que no acudieras a la cita.
— Habría estado bien que le dijeras la verdad.
— No *estaría* mal que fueras más comedido en tus palabras.

b) Con otros adverbios de modo pueden aparecer tanto *ser* como *estar:*

— Las personas son *así.*
— Tus amigos no han estado siempre *así.*

Nos parece que la diferencia en estos casos es la misma que vamos a señalar para los adjetivos, por lo cual remitimos al apartado correspondiente. En relación con lo que allí se dirá recordamos ahora el uso de *estar* en fórmulas de saludo como

— ¿Cómo está usted?
— ¿Qué tal estamos?, etc.

c) Con los demás tipos de adverbios, especialmente con los de lugar y con los de tiempo (es decir, los típicamente localizadores), *ser* y *estar* presentan el uso que hemos llamado «no atributivo», que ya hemos estudiado en la primera parte de este trabajo, a la cual remitimos.

B) *Atributo con estructura oracional (= proposición)*

a) Cuando el atributo tiene forma de proposición es *ser* el verbo empleado:

— La verdad es que no se ve solución a corto plazo.
— El problema de tu situación es que no sabes enfrentarte con ella.
— La razón de su queja era que no le prestaba atención.
— La clave de vuestro éxito será que acertéis en las primeras decisiones.

Observación 1

Sin diferencias apreciables de significado, las construcciones anteriores alternan con *estar en:*

— La verdad está en que no se ve solución a corto plazo.
— El problema de tu situación está en que no sabes enfrentarte con ella.
— La razón de su queja estaba en que no le prestaban atención.
— La clave de vuestro éxito estará en que acertéis en las primeras decisiones.

Observación 2

Véase cómo en todos los ejemplos aducidos actúa como sujeto un sustantivo de los calificados como «abstractos».

Observación 3

En realidad, el criterio señalado en a) puede ampliarse del siguiente modo: siempre que al menos uno de los dos elementos puestos en relación sea una proposición el verbo que se emplea es *ser;* a los ejemplos dados, en que la proposición funciona como atributo, pueden añadirse estos otros en que actúa como sujeto:

— Es imposible que pueda acertar.
— Es increíble que Luisa haya sido capaz de hacer eso.
— Fue muy negativo que llegaras en aquel momento.
— Será necesario que prestes más atención.

A la excepción ya indicada con *bien, mal,* etc. *(vid.,* en este mismo capítulo, la *Observación 3* a 4.A.a), hay que añadir alguna otra: a) los adjetivos correspondientes a los adverbios anteriores, es decir, *bueno* y *malo,* que pueden construirse con *ser* y *estar;* la diferencia más notable se da en aquellos enunciados en que se califica un hecho presentado como hipotético; compárese

— Sería bueno que ahora te afiliaras al partido X.

enunciado neutro, en que *bueno* conserva su valor positivo, con

— ¡Estaría bueno que ahora te afiliaras al partido X!

enunciado que, y a ello parece contribuir también la entonación exclamativa, tiene un claro matiz irónico, equivalente a algo así como 'lo único que falta es que ahora te hagas del partido X'; *bueno* pierde ya, por tanto, su sentido positivo; b) el adjetivo *claro* y, en menor medida, su opuesto *oscuro,* que manifiestan en el español actual preferencia por *estar:*

— Está claro que no has sabido reaccionar. / Es claro que no has sabido reaccionar.

b) Construcción propia del registro coloquial, con carácter fuertemente expresivo, en consecuencia, es la combinación de *estar* + *que* + verbo en forma personal (acompañado, en su caso, de otros elementos). He aquí unos cuantos ejemplos de tal construcción:

— El encargado de la sección *está* hoy *que trina.*
— La situación *está que arde.*
— El ganador *estaba que daba* saltos de alegría.
— Tu hermana *está que no hay* quien la aguante.
— Uno de los participantes eliminado *está que muerde.*
— *Está que* no le *llega* la camisa al cuerpo.
— Antonio *está que parece* que quiere comerse el mundo.
— *Estaba que* la satisfacción le *salía* por todos los poros del cuerpo.

Observación 1

Hay que resaltar el claro valor «consecutivo» que posee esta construcción: todos los ejemplos anteriores son equivalentes a dos oraciones en relación de «consecuencia» en las que se «ha prescindido» precisamente del elemento de cuya intensificación surge la consecuencia y del intensivo correspondiente:

— El encargado de la sección está hoy *(tan enfadado)* que trina.

107

— La situación está *(tan crítica)* que arde.

— El ganador estaba *(tan contento)* que daba saltos de alegría.

— Tu hermana está *(de tal malhumor)* que no hay quien la aguante, etc.

Repárese en que son el contexto o la situación los que permiten «restituir» los elementos correspondientes; los que nosotros hemos colocado entre paréntesis son, por tanto, sólo algunos de los posibles. Por otra parte, si las dos posibilidades de construcción son sintácticamente adecuadas y semánticamente (casi) equivalentes, hay una diferencia de expresividad a favor de la primera, que, como ya hemos indicado, resulta más frecuente en el registro coloquial.

Observación 2

Otro hecho digno de comentario es que el verbo que aparece en la proposición encabezada por *que* tiene en la mayor parte de los casos un significado «metafórico» o «figurado», lo cual confirma lo que hemos dicho acerca del carácter coloquial y expresivo de estas oraciones; quizá el que parece más lejos, entre los utilizados en los ejemplos, de ese valor es *dar saltos de alegría.* En cuanto a los demás: *trinar,* 'estar indignado, enfadado o encolerizado'; *arder,* 'estar un lugar, una reunión muy agitados por la excitación de los presentes o de los que toman parte en ella'; *no haber quien aguante* (a alguien), 'huir de la compañía o el trato con cierta persona de mal carácter o molesta'; *morder,* 'estar muy encolerizado'; *no llegarle a alguien la camisa al cuerpo,* 'tener mucho miedo por algo que puede ocurrir'; *comerse alguien el mundo,* 'tener iniciativa y fuerza para empresas importantes'; *salirle a alguien la satisfacción por todos los poros del cuerpo,* 'mostrarse o manifestarse algo de la intimidad de alguien en su cara, aspecto, etcétera'.

5. «Preposición + sustantivo» como atributo.—Algunos usos de *ser* y *estar* seguidos de preposición, que consideramos «no atributivos», han sido ya examinados en su lugar correspondiente. Nos ocupamos ahora de aquellos en que parece tratarse de un uso «atributivo».

A) En el caso de *ser* la preposición más frecuente es *de,* y los valores que adquiere la combinación son los siguientes:

a) 'origen', 'procedencia':

— Mis padres *son de* Cataluña.
— Este vino *es de* Valladolid.
— Su familia *es de* origen desconocido.

Aquí pueden incluirse los casos en que se trata de indicar la pertenencia a un determinado grupo o clase:

— Mi amigo *es de* los provocadores.
— Según lo que sé de él, *es de* los impresionistas.

b) 'materia de que algo está hecho':

— La librería *es de* madera de roble.
— La caseta del perro *es de* ladrillos.
— La escalera *será de* mármol.

Observación

Ser de puede alternar con este valor con *estar hecho de/con:*

— La librería *está hecha de/con* madera de roble, etc.

c) 'posesión':

— Estos campos *fueron de* mi abuelo.
— El éxito *será de* quien sepa buscarlo.
— Este libro *es de* tu amigo.

B) Los enunciados en que *estar* va seguido del segmento «preposición + sustantivo» son numerosísimos. En muchos de ellos *estar* conserva su valor de localización; he aquí algunos ejemplos:

— Los enamorados estaban a la sombra de un árbol.
— Estábamos ante la puerta del cine.
— El bolígrafo estaba bajo la mesa.
— El mes que viene ya estarás con tu familia.
— La corbata está en el armario.
— Juan no está entre los recién llegados.
— El bar que buscas está hacia la plaza.
— Estaré fuera hasta el mes de enero.
— El libro está sobre la mesa.
— El pueblo está tras las montañas.

C) Cuando una indicación modal se expresa con frases nominales que son término de una preposición, encontramos dos diferencias entre *ser* y *estar*. Una, ya mencionada al hablar de la localización espacial y temporal, radica en la naturaleza de los referentes designados por el nombre que funciona como sujeto: si se trata de algo susceptible de ser concebido como «suceso», *ser* es el verbo que se emplea: si se trata de «entidades», se utiliza *estar;* es el caso de

— Esa familia *ha estado de luto* durante dos años.
— Juan *está de malhumor* con mucha frecuencia.
— *Estuve con gripe* el mes pasado.
— A final de mes hay mucha gente que *está sin una peseta.*

La segunda diferencia es de otra índole: mientras *ser* con indicación modal es, en efecto, un uso no atributivo del verbo (expresa «suceso»), los ejemplos que acabamos de dar con *estar* responden en realidad al uso atributivo; ello puede comprobarse por la equivalencia (con diferencias más o menos ostensibles en cuanto al significado) de las siguientes oraciones con algunas de las anteriores:

— Esa familia ha estado *enlutada* durante tres años.
— Juan está *malhumorado* con mucha frecuencia.
— Estuve *griposo* el mes pasado.

Lo anterior, por otra parte, nos confirma hechos ya sabidos: que la secuencia «preposición + nombre» tiene función adjetiva, es decir, alterna funcional y semánticamente con un adjetivo; y que hay muchos estados, situaciones, etc., para los que la lengua carece de un adjetivo léxico y es necesario recurrir a la secuencia mencionada; como ejemplo de esto último, y en relación con lo que estamos tratando, valgan ejemplos como

— *Estuve de pie* la mayor parte del concierto.
— Siempre que te busco *estás de visita.*
— Siempre *estás contra todo.*

Observación 1

Es frecuente considerar que expresiones con *estar* formalmente idénticas a las anteriores son «expresiones» o «frases

110

hechas», aunque en muchos casos sea el grupo «preposición + nombre» el que posea este carácter: *estar en paños menores, estar hasta la coronilla* (de algo o alguien), *estar hasta las narices, estar hasta el gorro, estar en Babia, estar en las nubes, estar en el limbo, estar a la cuarta pregunta, estar a la que salta,* etc. (para todas estas expresiones es imprescindible el manejo de un buen diccionario y la realización de los correspondientes ejercicios).

Observación 2

Quizá merezca la pena consignar aparte el uso de *estar +* *de +* sustantivo de profesión, ocupación u oficio:

— Mi hermano *está* ahora *de contable.*
— Antonio *estuvo de médico* en mi pueblo.

Frente a las correspondientes construcciones con *ser:*

— Mi hermano es ahora contable.
— Antonio fue médico de mi pueblo.

las de *estar* destacan la provisionalidad bien en el desempeño de la profesión u oficio, bien en el lugar en que se desarrolla.

X

EL ADJETIVO COMO ATRIBUTO

1. La mayor complejidad en los usos de *ser* y *estar* se da, sin duda, cuando como atributo aparece un adjetivo; según un reciente estudio del problema, la razón de tal complejidad radica en que «miles y miles de adjetivos (ricos en contenido semántico, esto es, con múltiples significados), empleados en muy diversos contextos por millones y millones de hispanohablantes (procedentes de diversas regiones, lenguas y dialectos, como Castilla, Cataluña, Galicia, Andalucía, León, Aragón, etcétera, e Hispanoamérica) durante siglos y siglos (a través de los cuales, la lengua ha ido no sólo evolucionando, sino también anquilosándose y dejando residuos en la corriente de su evolución), han venido agrupándose en estructuras sintáctico-semánticas en torno a 'ser' y 'estar', dirigidos no únicamente por las leyes de la lógica y de una manera consecuente, sino también por los más diversos motivos, como pueden ser la analogía, la estilística, la costumbre, la pragmática e, incluso, la libertad y licencias que puede tomarse cualquier hablante en contra de las normas de la lengua común» (5). Valga esta larga

---

(5) A. Vañó-Cerdá, *Ser* y *estar* + *adjetivos. Un estudio sincrónico y diacrónico.* Tübingen, Gunter Narr Verlag, 1982, pág. 2.

cita no para justificar nuestros errores, sino para poner de relieve la dificultad, casi imposibilidad, de limitarse a pocas y breves «reglas» que den cuenta de todas las posibles combinaciones de *ser* y *estar* con adjetivos: esas «reglas» serían incapaces de abarcar tantos factores como los aludidos más arriba.

2. Una buena manera de comenzar puede ser la de estudiar aquellos casos en los que, según los planteamientos más conocidos y divulgados, los adjetivos «cambian de significado» según se construyan con *ser* o con *estar*. Empecemos por algunos que presentan esta característica cuando van referidos a sujetos de «persona» (es decir, a nombres o sintagmas nominales que se refieren a 'persona'). Entre ellos:

1a. Tu amigo es listo («listo» = 'que tiene capacidad mental o intelectual').
1b. Tu amigo está listo («listo» = 'que está preparado, dispuesto' o 'en situación difícil, apurada').
2a. Tu amigo es atento («atento» = 'que es amable, cortés').
2b. Tu amigo está atento («atento» = 'que presta atención').
3a. Tu amigo es negro («negro» = 'que pertenece a la raza negra').
3b. Tu amigo está negro («negro» = 'que se encuentra enfadado, en mal humor').
4a. Tu amigo es molesto («molesto» = 'que causa molestias').
4b. Tu amigo está molesto («molesto» = 'que siente molestias', del tipo que sean).
5a. Tu amigo es decente («decente» = 'que tiene la cualidad moral de la decencia').
5b. Tu amigo está decente («decente» = 'que va apropiadamente vestido, arreglado').
6a. Tu amigo es violento («violento») = 'que actúa con violencia').
6b. Tu amigo está violento («violento» = 'que se encuentra a disgusto').
7a. Tu amigo es grave («grave» = 'que tiene un aspecto serio').
7b. Tu amigo está grave («grave» = 'que se encuentra muy enfermo').

En primer lugar cabe decir que, prescindiendo de cuestiones etimológicas o de historia de la lengua, no parece apropiado afirmar que el adjetivo cambia de significado según el verbo con que se combine, sino más bien a la inversa: la elección del verbo viene determinada por el significado en que se usa el adjetivo. Aunque a primera vista pueda parecer un hecho intrascendente, encierra sin embargo algo que puede resultar importante: la polisemia (existencia de más de un significado) no pertenece a los verbos, sino a los adjetivos. En efecto, es difícil imaginarse cómo *ser* y *estar* podrían provocar diferencias a veces tan grandes de significado.

En segundo lugar, y esto ha sido señalado ya en diversas ocasiones, en todos los ejemplos *b* se presenta al sujeto en un «estado» o «situación» determinado: en todos ellos, en efecto, *estar* puede ser sustituido por *hallarse, encontrarse,* etc.: *Tu amigo se encuentra listo, Tu amigo se halla listo,* y así en los demás. En cambio, esta sustitución no es posible con los ejemplos *a,* a menos que se les dé una interpretación estrictamente «reflexiva», es decir, que entendamos *Tu amigo se halla listo* como 'Tu amigo se considera listo (= inteligente) a sí mismo'; en los ejemplos *a,* por tanto, no se presenta al sujeto en ningún estado o situación.

Observación

A los adjetivos utilizados hasta el momento, que no constituyen ninguna lista exhaustiva, pueden añadirse otros con significados distintos no sólo referidos a personas, sino también a cosas; valga un solo caso:

a. Tu amigo es nuevo («nuevo» = 'recién llegado' o 'recién ingresado').
b. Tu amigo está nuevo («nuevo» = 'en buenas condiciones físicas').
c. El coche es nuevo («nuevo» = 'fabricado hace poco tiempo').
d. El coche está nuevo («nuevo» = 'bien conservado, en buen uso').

Estos ejemplos se ajustan igualmente al comentario que hemos hecho de los anteriores: *b* y *d* se refieren a estados o situaciones, *a* y *c,* por contra, no.

3. ¿Por qué hemos juzgado oportuno comenzar por estos casos? Hemos partido, es cierto, de un «a priori»: parece lógico suponer que en aquellos enunciados en que la única diferencia formal (uso de *ser* o de *estar)* se traduce en una mayor diferencia de significado encontramos los verbos usados de acuerdo con la(s) característica(s) que les resulten más propia(s).

4. Confrontemos ahora los casos anteriores con los criterios que más comúnmente se han manejado a la hora de diferenciar *ser* y *estar;* por razones de brevedad, vamos a hacerlo con uno solo de los adjetivos mencionados, en concreto con *molesto* (los enunciados, como parece lógico, serán ahora más largos con objeto de que proporcionen mayor carga informativa y, en la medida de lo posible, pragmática) (con 1 indicamos el criterio que se le asigna a *ser,* con 2 el significado a *estar*):

1. ESENCIAL; pero *A tu amigo le cuesta mucho trabajo ser molesto, pero a veces lo consigue.*
2. ACCIDENTAL; pero *Tu amigo está molesto siempre.*
1. INTRÍNSECO; pero *Tu amigo es molesto por causas ajenas a su voluntad.*
2. EXTRÍNSECO; pero *Tu amigo está molesto porque su carácter es así.*
1. OBJETIVO; pero *En mi opinión, tu amigo es molesto.*
2. SUBJETIVO; pero *Es un hecho fuera de toda duda que tu amigo está molesto.*
1. HABITUAL; pero *En muy pocas ocasiones es molesto tu amigo.*
2. OCASIONAL; pero *Casi siempre está molesto tu amigo.*
1. PERMANENTE; pero *Tu amigo es molesto sólo cuando se lo propone.*
2. CAMBIO; pero *Tu amigo no necesita motivos para estar molesto.*

(Algunos otros criterios manejados son fácilmente asimilables a los anteriores, o resultan de una mezcla de ellos.)

Debe quedar claro, desde luego, que no pretendemos decir que en muchas ocasiones la diferencia entre *ser* y *estar* no pueda ser recogida por los criterios que acabamos de citar (en realidad, es posible estar de acuerdo en que sirven para la mayor parte de los casos), sino únicamente poner de relieve que siempre podemos encontrar ejemplos (normales, no construidos «ad hoc») que no responden a ellos. Esto es lo que nos lleva a pensar, y no somos los primeros en hacerlo, que debe existir un criterio más general y más simple del cual los aducidos no sean más que concreciones o efectos de sentido habituales o derivados.

5. Enunciemos el que, en nuestra opinión, es el criterio más general y simple:

Con ESTAR se hace una descripción del sujeto, el enunciado es descriptivo. Con SER se hace una clasificación del sujeto, el enunciado es clasificatorio.

Claro está que, presentado así, el criterio es poco explícito; en definitiva, es necesario saber qué se quiere decir cuando se habla de «descripción» y de «clasificación», respectivamente, y habrá que tratar de evitar la circularidad en la aclaración de tales conceptos.

Clasificar es incluir un elemento dentro de una CLASE. Las clases pueden estar OBJETIVAMENTE establecidas (dadas en la realidad), y la lengua "se limita" a reflejarlas, o pueden SER CREADAS LINGÜÍSTICAMENTE.

La clase objetiva, que la lengua «se limita» a reflejar (y repárese en el entrecomillado de «limitarse»), está representada por los sustantivos; de ahí que cuando es un sustantivo el que funciona como atributo sólo sea posible emplear *ser (vid.* IX, 2). Igualmente, los adjetivos que significan algo que se aplica, sin excepción, a todos los individuos o elementos de la especie designada por el sustantivo al que se unen constituyen una clase objetiva, y, en consecuencia, se construyen con *ser:*

— Los hombres son mortales.
— La sangre es roja.

Lo mismo ocurre cuando el adjetivo expresa una cualidad o propiedad del sujeto que relaciona a éste de modo necesario con un complemento del adjetivo:

— El oxígeno es indispensable para los seres vivos.
— El agua es necesaria para la vida.

En casos como los anteriores, pues, en que la clasificación es objetiva (en el sentido que hemos pretendido dejar claro), el uso de *ser* es obligatorio, y el hablante no puede hacer una elección diferente.

6. Pero, ya se ha dicho antes, en la lengua hay miles de adjetivos y no todos ellos cumplen, por su significado y por su uso, las dos condiciones arriba enumeradas. Con ellos, en principio, se da la posibilidad de elección al hablante: si éste quiere clasificar debe emplear el verbo *ser* (en esto consiste la «creación lingüística» de clases); dicho con un ejemplo, el hablante de español tiene la posibilidad de «crear» una clase de entes «interesantes» e incluir en ella a cualquiera: así, puede decir

> — La conferencia fue interesante.
> — Tus amigos son interesantes.
> — Investigar es interesante.

Describir consiste meramente en expresar una cualidad, propiedad o característica del "referente" al que designa el sujeto, sin establecer relación con clase alguna.

Puede, por tanto, el hablante optar por decir

> — La conferencia estuvo interesante.
> — Tus amigos están interesantes.

La realidad designada al decir *La conferencia fue interesante / La conferencia estuvo interesante* es la misma (hay equivalencia en la designación), pero el significado de las oraciones es distinto, y lo es en el sentido indicado: con *fue* el hablante clasifica, con *estuvo* sólo describe. Esta diferencia es la misma en todos los casos en que hay posibilidad de elección; queremos decir que ésta es la diferencia básica, que después, y dependiendo de factores diversos, tales como el contenido léxico del sujeto y del atributo y de otros posibles elementos de la oración, del tiempo verbal y de la situación en que se profiera el enunciado, se traduce en una serie de efectos de sentido más o menos diferentes y alejados entre sí. El caso que estamos comentando *(La conferencia fue/estuvo interesante)* ha sido escogido deliberadamente, pues se trata de dos oraciones que hemos sometido a la consideración de un buen número de hablantes de español: todos han estado de acuerdo en la opinión de que las dos son correctas, la mayoría no ha encontrado diferencia perceptible entre ellas y unos pocos, si bien han creído captar alguna diferencia, no han sabido determinar en qué consiste. Se trata, pues, de un caso de diferencia mínima, y algunos incluso propondrían hablar aquí de «neutralización» de la posible diferencia. En nuestra opinión, que ya hemos adelantado hace poco, estamos ante un par de oraciones entre las cuales la diferencia es la mínima, la «básica» —y por eso las hemos escogido—, que, persiguiendo ya los matices, se traduce en que *La conferencia fue interesante* es un juicio categórico —hay un mayor compromiso por parte de quien la emite—, mientras que *La conferencia estuvo interesante,* descriptiva, representa un juicio «circunstancial», más neutro —el hablante se compromete menos con lo que dice—; así, a despecho de lo que se afirma a veces de los verbos *ser* y *estar,* y aun del tiempo utilizado (el pretérito perfecto absoluto en los dos casos), *La conferencia fue interesante* parece caracterizar como un todo, acabado y perfecto, al acto que fue la conferencia, en tanto que *La conferencia estuvo interesante* parece referirse más bien al desarrollo de tal acto. Recuérdese, por otra parte, que esta diferencia entre lo **categórico** y lo **circunstancial** ha sido señalada también [por ejemplo, Vañó-Cerdá (6)] como criterio para distinguir entre los usos de *ser* y *estar.*

7. Muy ilustrativo puede resultar también el comentario de un par de ejemplos que tomamos de Vañó-Cerdá igualmente (7); en ambos aparece el adjetivo *alegre,* que puede construirse con *ser* y *estar;* son los siguientes:

1a. Tu madre era muy alegre; venía del sur de España.
1b. Tu madre estaba muy alegre; venía del sur de España.

El citado autor mantiene, creemos que razonablemente, que la distinta interpretación de la oración de *venía* en 1a y 1b está determinada por el significado de las oraciones previas con *era* y *estaba.* Pero el razonamiento puede quedar más claro si hacemos explícita la relación que se establece entre las dos oraciones de cada ejemplo, que no es otra que la «causal»:

(6) *Op. cit.,* pág. ?
(7) *Ibid.,* pág. 15.

119

2a. Tu madre era muy alegre porque venía del sur de España.
2b. Tu madre estaba muy alegre porque venía del sur de España.

En 2a, donde hay, según nuestro criterio, una «clasificación», no circunscrita aquí de ningún modo, especialmente sin ninguna delimitación temporal (salvo lo implicado por el uso del pretérito imperfecto, que puede significar que ya no es alegre o simplemente que ya no vive), parece exigirse como causa algo más «fuerte» que la mera llegada de un viaje; se impone así la interpretación de *venir* como 'proceder de', 'haber nacido en'. En cambio, 2b admite para *venir* las dos interpretaciones; es cierto que, sin mayor información que la proporcionada por el enunciado en cuestión, parece más adecuada la de *venir* como 'llegar de un viaje': un hecho único, muy circunstanciado (sobre todo en el tiempo), produce un efecto que, en principio, no autoriza (no «da facilidades») para que el hablante proceda a una «clasificación», y así se queda en la simple descripción.

Ahora bien, los ejemplos, como casi siempre, pueden ampliarse o modificarse. Veamos primero la ampliación, referida en este caso a 2b. Supóngase que este enunciado se emite después de que alguien haya dicho que en el sur de España las cosas van tan bien que se ha convertido en la más próspera región de Europa; en tal caso, en 2b *venir* se entenderá sin esfuerzo, y casi de modo obligado, como 'proceder de', 'haber nacido en'. En cuanto a la modificación, compárense los ejemplos anteriores con estos otros:

3a. Tu madre era muy alegre cuando venía del sur de España.
3b. Tu madre estaba muy alegre cuando venía del sur de España.

La relación es ahora temporal *(cuando)* y la interpretación de *venir* es en los dos casos la de 'llegar de un viaje'; sin embargo, la diferencia entre *era muy alegre* y *estaba muy alegre* debe subsistir. ¿Qué ocurre ahora? Tanto en 3a como en 3b, a falta de mayor información explícita o implícita, creemos que se entiende una referencia no a la llegada de un solo viaje, sino a los efectos que se producían en «tu madre» cada vez que «venía del sur de España»; el hablante tiene entonces posibilidad de proceder a una «clasificación» (= 3a), que se traduce en este caso concreto en una mayor «fuerza» de los efectos de tales viajes, o de quedarse en el terreno de la «descripción», que es, como ya hemos señalado, una postura más neutra. Téngase en cuenta que hemos hablado de «fuerza» y no de «duración» de los efectos: aunque lo más frecuente es que exista una correlación entre ambos factores, obsérvese la viabilidad de enunciados como

4a. Tu madre era muy alegre durante la semana siguiente a su regreso del sur de España.

4b. Tu madre estaba muy alegre durante los dos meses siguientes a su regreso del sur de España.

8. El análisis de los ejemplos anteriores nos confirma en nuestra opinión de que *ser* clasifica y *estar* describe. Pero es necesario someter el criterio a más pruebas. Veamos algunos casos con el adjetivo *inteligente*. Se ha escrito en alguna ocasión que, con sujeto de persona, sólo se utiliza el verbo *ser;* esto no es cierto en el español actual. Dejemos, sin embargo, que hablen los ejemplos. Supongamos unos padres que observan las reacciones de un hijo suyo, todavía pequeño; ante el comportamiento del niño uno de ellos podrá hacer una predicción, que formulará, parece que inevitablemente, con el verbo *ser:*

1a. Este niño será inteligente.

mientras que no construirá un enunciado con *estar:*

1b. *Este niño estará inteligente.

La explicación no ofrece muchas dificultades en este caso: primero, se trata de una predicción, es decir, de una referencia al futuro; segundo, no hay experiencias previas suficientes que justifiquen una «descripción»; la predicción, impregnada de deseo, sólo puede adquirir la forma de una clasificación: 'auguro que este niño se incluirá en la clase de los inteligentes'. Supongamos, de nuevo, la situación de unos padres que hablan de su hijo; sólo que ahora éste tiene treinta años, por ejemplo, lo cual conlleva normalmente que sus progenitores se hayan formado un juicio sobre él; cualquiera de ellos, si su hijo tiene que hacer algo, puede —entre otras posibilidades, por supuesto— proferir enunciados como los que vienen a continuación:

2a. El niño será inteligente, como siempre.
2b. El niño estará inteligente, como siempre.
3a. El niño será inteligente una vez más.
3b. El niño estará inteligente una vez más.

Aunque siga tratándose de una referencia al futuro, existen ya experiencias previas que hacen posible una «descripción», además de mantenerse la opción de «clasificar». En un caso como en el otro, los complementos utilizados *(como siempre, una vez más)* son los mismos; la diferencia, pues, sigue radicando en el mismo punto: «clasificar» es más comprometido que «describir».

Observación

Como se ha apuntado anteriormente, entre los factores que pueden facilitar o imposibilitar una de las dos opciones se encuentra el tiempo verbal utilizado (y, en consecuencia, normalmente el tiempo «real» de referencia); así, y por seguir con *inteligente,* se da con mucha más frecuencia el presente de *ser* que el de *estar;* ello se debe simplemente a que la «clasificación», que puede sin duda anclarse en el pasado o proyectarse hacia el futuro, encuentra en el tiempo presente, por sus caracteres de validez general, su mejor modo de expresión, en tanto que la «descripción», para usar el presente, requiere la simultaneidad de lo descrito con el momento de la enunciación (hablando en términos generales).

9. Los enunciados anteriores con el adjetivo *inteligente* tienen todos sujeto de «persona»; alternan, pues,

1a. Juan fue inteligente en aquella ocasión

y

1b. Juan estuvo inteligente en aquella ocasión.

con la diferencia que hemos pretendido recoger. Pensemos ahora en construcciones con sujeto no personal ni personificado (de cualquier modo, es evidente que el sujeto, si no directa-

122

mente de «persona», ha de referirse a algo realizado por personas, ya que en otro caso el uso «recto» de *inteligente* sería inviable); veamos ejemplos con *actuación* y *comportamiento*:

2a. La actuación de Juan fue inteligente.

3a. Su comportamiento será inteligente.

Estas dos últimas oraciones son, sin duda, correctas y aceptables en español. Qué decir de oraciones como

2b. La actuación de Juan estuvo inteligente.

3b. Su comportamiento estará inteligente.

Decidir individualmente sobre la aceptabilidad o no de algunas construcciones es, como se sabe, un recurso peligroso en bastantes ocasiones; la consulta a otros hablantes de español nos ha confirmado, sin embargo, nuestra impresión inicial; a todos les «han sonado» extrañas y la mayoría ha opinado que no se usan en nuestra lengua. Demos el juicio por bueno (con todas las reservas que se quieran). La pregunta es inevitable: ¿por qué la alternancia es posible con sujeto de «persona» y no con otro tipo de sujeto? Dicho con otras palabras: ¿por qué, a menos con el adjetivo que estamos empleando *(inteligente)*, puede «clasificarse» y «describirse» a las personas, mientras que para lo que las personas hacen (con inteligencia) sólo es posible, a lo que parece, la «clasificación»? La pregunta encierra ya una descripción del hecho, pero no una explicación. Creemos que se trata de lo siguiente: una persona puede ser clasificada o descrita como «inteligente», según hemos visto, pero lo que las personas «hacen con inteligencia» sólo puede ser «clasificado» porque hay una especie de «derrame sintáctico» que hace que la lengua trate igual a los sintagmas nominales cuyo núcleo es un sustantivo (pos)verbal que a las oraciones traspuestas a función nominal (en las cuales el núcleo es un verbo); ya hemos mencionado *(vid.* IX, 4.B, *Observación 3)* que cuando uno de los elementos de la oración atributiva es una oración (= proposición) se usa siempre el verbo *ser* (con las excepciones también recogidas).

10. Examinemos otros casos controvertidos. ¿Por qué

muerto (= 'que carece de vida') y *vivo* (= 'que tiene vida')
se construyen sólo con *estar?* En primer lugar convendrá mati-
zar algo la afirmación contenida implícitamente en la pregunta. Nos referimos a lo siguiente: es posible encontrar en el español actual, sobre todo con *muerto,* usos con el verbo *ser,* pero creemos que en tales casos se ha producido una recategorización, un cambio de «clase de palabra», y el elemento léxico *muerto* funciona como sustantivo y, consecuentemente,
«clasifica»; opinamos que tal explicación puede aplicarse a los
ejemplos aducidos por Vañó-Cerdá (8); he aquí algunos de
ellos:

1. Pero los muertos son muertos. Están muertos, vamos a llorar, se
    cierra la puerta, ¡y a vivir! (F. García Lorca).

Tres veces aparece la palabra *muerto;* no hay duda de su carácter sustantivo en *los muertos* ni de su carácter adjetivo en
están muertos; creemos que también tiene carácter sustantivo
en *son muertos* (como ocurre, por ejemplo, en *Los médicos
son médicos*).

Otro ejemplo, también de F. García Lorca, es aún más
claro, ya que *muerto* va acompañado de un adjetivo (participio
en función adjetiva):

2. ¡Y qué? Vale más ser muerto desangrado que vivo (...)

O estos otros dos, de R. Gómez de la Serna:

3. Me he empeñado en ir por el peor camino: saber lo que es ser
    muerto entre los vivos o, lo que es lo mismo, ser vivo entre los
    muertos.
4. Descubrí que somos muertos de otro tiempo que podemos resucitar.

Sigue en pie, por tanto, la pregunta. Hay que resaltar un
hecho, ya señalado por otros autores, es cierto, al que, sin embargo, no se le ha concedido la debida importancia. Que *Antonio (mi padre, tus amigos, el embajador...) está(n) muerto(s)*
es una oración irreprochable en español está fuera de toda du-

---

(8) *Op. cit.,* págs. 124-127.

da; pero ¿cuándo se emplean oraciones como las anteriores? Creemos que en situaciones muy determinadas. Primera, y más frecuente: cuando se comprueba de manera inmediata que un ser vivo ha dejado de existir; por ejemplo, alguien presencia un choque de automóviles, se acerca y, refiriéndose a los ocupantes de los vehículos, exclama:

> 5. ¡Qué desgracia! Todos están muertos.

O este otro:

> 6. El pobre animal llevaba algún tiempo con mal aspecto. Una mañana lo vi muy quieto, me acerqué y comprobé que estaba muerto.

A veces no se trata de comprobación, sino de predicción; piénsese en que se esté hablando de rescatar a alguien que lleve ya algún tiempo perdido en un lugar donde se supone difícil la supervivencia; ante ello, cualquiera puede decir:

> 7. Me parece que es inútil intentarlo: ya estará muerto.

Otra situación frecuente es aquella en la que hacemos referencia a personas, muertas hace poco o mucho tiempo (el hecho es irrelevante), bien para ponerlas como testimonio de algo, bien para salir en su defensa; así,

> 8. Nuestros amigos de la infancia, que ya están muertos, constituyen una de las cargas dolorosas de la vejez.
> 9. Deja en paz a mis familiares, que ya están muertos.

En cualquiera de las dos situaciones, más en la primera que en la segunda, pueden utilizarse las formas correspondientes del verbo *morir* (o *matarse,* según los casos):

> 5b. ¡Qué desgracia! Todos han muerto (se han matado).
> 6b. ... comprobé que había muerto.
> 7b. ... ya habrá muerto.

En el caso de *vivo* y *muerto,* pues, es posible tanto la «clasificación» como la «descripción»; lo que ocurre es que, cuando se «clasifica», *vivo* y *muerto* se recategorizan, se convierten en sustantivos, con los significados, respectivamente, de 'persona que tiene vida' y 'persona que carece de vida'. Lo demás es cuestión de frecuencia de uso: las situaciones en que se utilizan estos elementos favorecen más la «descripción» que la «clasificación».

11. Otra pareja de adjetivos que han dado lugar a la discusión son *roto* e *intacto;* en el estado actual de la lengua sólo se emplean con *estar,* es decir, según nuestro criterio únicamente se emplean para «describir». Señalemos en primer lugar que con ellos es también posible, al igual que hemos visto con *vivo* y *muerto,* el fenómeno que llamamos «sustantivación» (sin entrar en pormenores sobre el proceso así llamado); por ejemplo, si a alguien se le ha indicado que los objetos rotos de una cierta clase están en un lugar y los intactos en otra, podrá, al encontrarse ante ellos, mostrar su disconformidad con la clasificación mediante una pregunta como la siguiente:

1. ¿Éstos son los rotos? (o ¿éstos son los intactos?)

Observamos, en los dos casos, la presencia del elemento *los,* que no deja dudas sobre el carácter «sustantivo» de *rotos* e *intactos.* También aquí es necesaria la referencia a las situaciones de comunicación en que se emplean ambos adjetivos, especialmente *intacto. Roto* expresa el cambio de estado producido en un sujeto, cambio que acaba de producirse en el momento en que se habla, o en algún momento anterior, más o menos alejado del tiempo de la enunciación; así, si un objeto frágil cae al suelo, nos acercamos a él y podemos describir lo ocurrido diciendo:

2. ¡Anda! Está roto.

(aunque, conviene no olvidarlo, es posible que sea más frecuente la expresión verbal correspondiente: *¡Anda! Se ha roto);* como ejemplo de la segunda situación imaginemos la que se deduce claramente del siguiente fragmento de diálogo:

3. — ¿Por qué no has traído tu magnetófono?
   — Porque está roto.

donde no hay referencia al momento concreto en que se produjo la acción de «romperse». Con *intacto,* pensamos, ocurre algo parecido. La situación «normal» es que los objetos estén intactos y, en consecuencia, no parece lógico que los hablantes se dediquen a mencionar esta característica; estamos, por tanto, de acuerdo con los que opinan que sólo nos referimos a ella cuando el objeto en cuestión ha estado a punto de perder esa característica; en la misma situación indicada para 2, podemos, dado el caso, decir

    4. ¡Anda! Está intacto.

(aunque de nuevo aquí es frecuente también el recurso a la expresión verbal: *¡Anda! No se ha roto*). Tampoco, sin embargo, en el caso de *intacto* es absolutamente necesaria la inmediatez temporal; en una situación parecida a la aludida en 3, y sobre la base de que alguien presuponga, por lo que sea, que el magnetófono en cuestión no está en condiciones, el que conoce su estado puede intervenir diciendo

    5. Te equivocas, el magnetófono está intacto.

En síntesis, las situaciones en que se emplean *roto* e *intacto* favorecen casi sin excepción la actitud lingüística que hemos llamado «descripción»; la posibilidad, siempre abierta, de «clasificar» se logra mediante la conversión de estos elementos en sustantivos.

12. Otro adjetivo que merece la pena comentar, siquiera sea brevemente, es *contento*. Pese a sus indudables afinidades semánticas con *alegre,* que admite *ser* y *estar, contento* sólo se une a *estar*. Parece uno de los casos más difíciles de explicar; habida cuenta de que la «clasificación» no implica obligatoriamente, como ya hemos pretendido poner de relieve, la permanencia de la característica atribuida, ¿por qué la propiedad de 'contento' no sirve para clasificar en español? Una posible explicación radica precisamente en esa afinidad semántica con *alegre,* que quedaría reservado en exclusiva para la clasificación establecida de acuerdo con la parte de significado común a ambos adjetivos; claro que esto significaría aceptar una sinonimia total entre *estar alegre* y *estar contento,* exigencia demasiado fuerte a nuestro entender. Si esta explicación no resulta aceptable —para nosotros sigue siendo la más apropiada—, sólo cabrá pensar que, en casos como éste, no sólo el «sistema», la «lengua», sino también los hablantes de español consideran que esta cualidad no es apropiada para proceder a una «clasificación» del sujeto.

Observación 1

Comentarios parecidos a los realizados en relación con *contento* deben hacerse extensibles a adjetivos como *harto, satisfecho, desnudo, descalzo,* etc.

Observación 2

Adjetivos como los últimamente comentados *(vivo, muerto, roto, intacto, contento)* han servido de base para suponer que el criterio que distingue el uso de *ser* y *estar* es el siguiente: se emplea *estar* cuando se ha producido un cambio, una transformación o modificación en el sujeto (incluso, es suficiente que se trate de la posibilidad, no materializada, de tal cambio; recuérdense, a este respecto, las observaciones que hemos hecho un poco antes); si no se da esta circunstancia, se emplea *ser*. Ésta es, nos parece, una buena descripción de las situaciones en que se usan los dos verbos (al menos, para una gran parte de casos), pero deja intacta la posible diferencia entre ellos. Nosotros creemos, y así hemos procurado mostrarlo, que se trata una vez más de un efecto de sentido derivado de la radical distinción entre «clasificar» y «describir».

13. De todo lo dicho hasta el momento sobre la combinación de adjetivos con *ser* y *estar* puede deducirse que no todos los adjetivos españoles admiten el uso con los dos verbos. Precisamente, hemos comenzado esta cuestión comentando algunos adjetivos de los que se ha afirmado que «cambian de significado» al aparecer con uno u otro verbo (aunque hemos expuesto nuestros reparos a esta manera de expresarse). La razón última se encuentra en que hay adjetivos que por su significado parecen especialmente aptos, o incluso están reservados, bien para la «clasificación», bien para la «descripción».

Esto significa, desde un punto de vista práctico, que para orientarse en el uso de *ser* y *estar* es necesario en primer lugar un exacto conocimiento del significado (o de los significados) de los adjetivos: las cuestiones léxicas inciden una vez más en las sintácticas; si se ignora lo que significa un determinado adjetivo se vuelve imposible decidir si se combina con *ser,* con *estar,* o con los dos (y con qué posibles diferencias). Veamos algún ejemplo con *verde;* como adjetivo de color se opone a los demás del paradigma, y con ciertos sujetos gramaticales admite la alternancia, con los efectos de sentido correspondientes:

> 1a. Las hojas (de los árboles) son verdes.
> 1b. Las hojas (de los árboles) están verdes.

1a y 1b pueden ser afirmaciones genéricas (todos los árboles) o particulares (los árboles de este jardín que tengo delante); hay, pues, cuatro interpretaciones:

a) «genérica»: clasificación de las hojas de todos los árboles, que se traduce en la consideración de que el color verde es algo propio y constitutivo de las hojas;

b) «particular»: clasificación de las hojas de los árboles de un jardín, con el mismo efecto de sentido anterior, pero circunscrito a unos árboles determinados;

c) «genérica»: descripción de las hojas de todos los árboles, que se traduce en la idea de que las hojas cambian de color; dado que es muy difícil, en el mundo real, que «todas» las hojas tengan «al mismo tiempo» idéntico color, 1b «genérica» parece de aparición muy poco probable si no va acompañada de algún tipo de delimitación, referida, por ejemplo, a cierta época del año;

d) «particular»: descripción de las hojas de los árboles de un jardín, con el mismo efecto de sentido anterior; repárese en que, al tratarse de un jardín determinado (o, más exactamente, de unas hojas determinadas y concretas), ya hay aquí un tipo de delimitación.

Veamos ahora algunos ejemplos con un sujeto como *peras* (o cualquier otro tipo de fruta al que se puedan aplicar las propiedades que aparecerán en los enunciados que siguen):

2a. Las peras son verdes.
2b. Las peras están verdes.

¿Qué ocurre con estas «dos» oraciones? Que interviene la polisemia del adjetivo *verde;* si lo seguimos entendiendo como adjetivo de color tendremos las cuatro interpretaciones que ya hemos señalado para 1a y 1b. Pero si *verde* se considera dentro de otro paradigma (en el que se opone a *maduro,* cuando menos), el distinto significado ('aún no en sazón, en su punto'), que sigue admitiendo, es cierto, las cuatro posibilidades, facilita indudablemente la «descripción» *(Las peras están verdes),* que se traduce en la indicación de un estado del sujeto que se supone transitorio (del mismo modo que *Las peras están maduras* se traduce en la indicación de que el sujeto ha alcanzado un estado). Si no combinamos a todos estos factores —lo cual a veces es complicado, desde luego—, la elección adecuada se torna muy difícil en bastantes ocasiones. En síntesis:

> *La distinción básica entre CLASIFICAR y DESCRIBIR no es algo que pueda hacerse fácilmente —salvo en algunos casos aislados— sin tener en cuenta la naturaleza léxica de los elementos relacionados y los factores pragmáticos, situacionales.*

XI

CONSTRUCCIONES ATRIBUTIVAS INCLUIDAS: CAMBIOS DE ORDEN

1. La inclusión de estructuras atributivas en otras más amplias produce a veces modificaciones en el orden de los elementos de aquéllas. Veamos las más frecuentes.

2. Si partimos de dos oraciones atributivas como

— El parque está muy sucio.
, — Los árboles eran magníficos.

y queremos hacerlas depender de, respectivamente, *Me desagrada* y *Juan admiró* tenemos como resultado (junto a otros que no nos interesan ahora)

— Me desagrada lo sucio que está el parque.
— Juan admiró lo magníficos que eran los árboles.

Como puede observarse, el procedimiento consiste en introducir el elemento *lo,* que aparece en cabeza de la construcción incluida, seguido del adjetivo-atributo del enunciado originario con su forma invariable, la forma *que,* el verbo atributivo y el sujeto. Con independencia de lo que indicamos en las *Observaciones* siguientes, creemos que lo que se logra con este procedimiento es destacar, ponderar, poner de relieve lo significado por el adjetivo que funciona como atributo en la oración «originaria». A tal respecto, hay que tener en cuenta que en dicha oración el adjetivo, cuando su significado lo permite, va acompañado de un intensivo (caso de *muy* y *sucio;* no así en *magníficos,* cuyo significado no admite una intensificación mediante *muy).* Se trata, en definitiva, de un procedimiento más de énfasis de un elemento oracional.

Observación 1

El procedimiento no queda reducido al atributo de oraciones incluidas, sino que puede aplicarse a adverbios, sobre todo modales y cuantificativos, que incidan directamente en el verbo de una oración incluida, véanse los siguientes ejemplos:

— Me encanta lo bien que trabaja (← Trabaja muy bien).
— Les sorprende lo mucho que come (← Come mucho).

Observación 2

La construcción que comentamos ha sido objeto de discusiones entre los gramáticos, centradas especialmente en: la naturaleza gramatical de *lo;* la aparente falta de concordancia entre *lo* invariable y el adjetivo-atributo que le sigue; la naturaleza gramatical de *que,* que también aparece siempre invariable; el valor de la construcción. No entramos aquí en esas cuestiones (9).

Observación 3

Aunque el valor de la construcción, según se ha indicado más arriba, es objeto de discusión, no podemos dejar de señalar su relación con otros enunciados en que aparecen elementos exclamativos o ponderativos; compárense, así, los ejemplos dados con estos otros:

— Me desagrada *qué/cuán* sucio está el parque.
— Juan admiró *qué/cuán* magníficos eran los árboles.

_____

(9) Un repaso detallado de ellas puede verse en S. Gutiérrez, «Poco más sobre 'Lo fuertes que eran'», en *Op. cit.,* págs. 237-260.

Observación 4

Las secuencias que comentamos pueden aparecer también como independientes, con entonación entonces exclamativa, en las circunstancias apropiadas:

— ¡Lo sucio que está el parque!
— ¡Lo magníficos que eran los árboles!

Aquí se sigue ponderando lo significado por los adjetivos, pero sin ponerlo en relación con el efecto que tal ponderación causa en alguna(s) persona(s). Volviendo a los ejemplos iniciales, véase cómo en ellos la referencia personal recae o bien en el sujeto *(Juan)* o bien en un complemento *(me)*.

Observación 5

Por último, hay que reparar en que estas construcciones incluidas suelen depender de verbos que podemos llamar de «valoración»: *desagradar, admirar, encantar, sorprender, extrañar,* etc. Esto, sin embargo, no es obligatorio, como demuestran ejemplos del tipo

— Observaba lo sucio que estaba el parque.

3. Partamos de dos oraciones como

— Mi amigo quería arreglar su situación.
— Mi amigo estaba descontento.

Si queremos incluir la segunda en la primera tenemos como primera posibilidad —y quizá como más frecuente— convertirla en oración de relativo

— Mi amigo, *que estaba descontento,* quería arreglar su situación.

Pero nos queda otra posibilidad:

— Mi amigo, *descontento como estaba,* quería arreglar su situación.

en la que el atributo *(descontento)* pasa al primer lugar, aparece *como* en función de «enlace» y el verbo atributivo *(estaba)* ocupa el último lugar. He aquí otros ejemplos:

— El cirujano, *hábil como es,* no tendrá problemas en la operación.

— El director, *acostumbrado como está,* sabrá tomar las medidas necesarias.
— Juan, *ingenuo como es,* caerá en la trampa.

Observación 1

En lugar de *como* puede aparecer *que: Descontento que estaba,* etc.

Observación 2

La inversión no se da sólo con construcciones atributivas; algunos adverbios (de modo, sobre todo) también la admiten:

— Antonio, *bien como cantaba,* triunfó en su presentación.

Observación 3

La construcción, equivalente en cuanto a la designación a la de relativo, parece añadir algún matiz ponderativo o enfático, de relieve: *hábil como es* parece insistir más en la característica «hábil».

Observación 4

Para que se dé la construcción invertida con *como* el adjetivo ha de tomar un valor «modal»; en los ejemplos propuestos cabe siempre la pregunta con *cómo: ¿Cómo estaba?: descontento; ¿Cómo es?: hábil,* etc.

Observación 5

Si la situación y el contexto lo permiten, la construcción puede quedar reducida al atributo:

— Mi amigo, *descontento,* quería arreglar su situación.
— *Descontento,* mi amigo quería arreglar su situación.
— Mi amigo quería arreglar, *descontento,* su situación.
— Mi amigo quería, *descontento,* arreglar su situación.
— Mi amigo quería arreglar su situación, *descontento* (como estaba).
  ba).

Todas las ordenaciones son aceptables, aunque no con la misma frecuencia; el adjetivo —atributo, como se puede observar— va siempre entre pausas.

Observación 6

Aunque la relación general con el resto de la oración en que se incluye suele ser de carácter causal o explicativo (aproximadamente, 'porque estaba descontento'), las realidades a que se hace referencia y el contexto pueden imponer otro tipo de relación; así, en el siguiente ejemplo la relación es 'concesiva':

— *Agotado como estaba,* no dejaba de hacerle preguntas.

equivalente, más o menos, a 'aunque estaba agotado, no dejaba de hacerle preguntas'.

Observación 7

Hay que señalar la posible equivalencia con otras construcciones, tales como:

— *De descontento que estaba,* quería arreglar su situación.
— *De descontento como estaba,* quería arreglar su situación.
— *De lo descontento que estaba,* quería arreglar su situación.
— *De tan descontento que estaba,* quería arreglar su situación.
— *De tan descontento como estaba,* quería arreglar su situación.
— *Tan descontento como estaba,* quería arreglar su situación.

que parecen manifestar todas una relación consecutiva: 'estaba tan descontento que quería arreglar su situación'.

4. Prescindiendo ahora de si se trata de construcciones pasivas —así las hemos considerado nosotros—, veamos oraciones del tipo

— Adolfo Suárez fue nombrado presidente.
— El alumno fue corregido por el profesor.
— El detenido estuvo incomunicado dos días.

Si queremos incluirlas en otras oraciones volvemos a tener la posibilidad general de acudir a la transposición mediante relativo:

— Adolfo Suárez, *que fue nombrado presidente,* empezó a actuar con prudencia.

— El alumno, *que fue corregido por el profesor,* intentó mantener su respuesta.

— El detenido, que estuvo incomunicado dos días, reaccionó de modo tranquilo.

Junto a ella, queda la posibilidad de modificar el orden, llevando el participio a la primera posición:

— Adolfo Suárez, *nombrado que fue presidente,* empezó a actuar con prudencia.

— El alumno, *corregido que fue por el profesor,* intentó mantener la respuesta.

— El detenido, *incomunicado que estuvo dos días,* reaccionó de modo tranquilo.

Observación

La relación que se establece con el resto de la oración es generalmente de carácter 'temporal': 'Adolfo Suárez, después de que fuera nombrado presidente, empezó a actuar con prudencia', 'Adolfo Suárez, después de ser nombrado presidente, empezó a actuar con prudencia'; no siempre es el contenido 'después' el que es necesario asumir; en ocasiones parecen más adecuadas relaciones como 'una vez que', 'tan pronto como', etc.; todas ellas, por supuesto, pueden aparecer explícitas:

— Adolfo Suárez, *una vez que fue nombrado presidente,* empezó a actuar con prudencia.

— El alumno, *tan pronto como fue corregido por el profesor,* intentó mantener la respuesta.

— El detenido, *después de haber estado incomunicado dos días,* reaccionó de modo tranquilo.

pero entonces —obsérvense los ejemplos— se vuelve al orden que tiene la oración como independiente. Ello prueba, en nuestra opinión, dos cosas:

a) la relación de tipo temporal se debe al —o, al menos, queda realzada por él— cambio de orden de los elementos;

b) este cambio es, de nuevo, un procedimiento para enfatizar o destacar un elemento, en este caso el participio de la oración originaria.

5. El mismo comportamiento señalado en 4 se da, en principio, cuando el atributo es un sustantivo; así, de ejemplos como

— Tu hermano fue médico de mi pueblo.
— Estuve de maestro en una aldea.
— Tus amigos son escritores por naturaleza.

se puede pasar, primero, a

— Tu hermano, *que fue médico de mi pueblo,* trabaja ahora en la capital.
— Yo, *que estuvo de maestro en una aldea,* he acabado por dedicarme a otras cosas.
— Tus amigos, *que son escritores por naturaleza,* encuentran muchas dificultades para publicar.

y, en segundo lugar, a

— Tu hermano, *médico que fue de mi pueblo,* trabaja ahora en la capital.
— Yo, *de maestro que estuve en una aldea,* he acabado por dedicarme a otras cosas.
— Tus amigos, *escritores por naturaleza que son,* encuentran muchas dificultades para publicar.

Observación

Las relaciones son de tipo variado: en *Tu hermano...* parece 'temporal'; en *Yo, ...* puede ser 'temporal' o 'concesiva' o, incluso, 'causal'; en *Tus amigos...* parece imponerse la 'concesiva'.

Como en 3 y en 4, el procedimiento de adelantar el atributo originario debe ser considerado también como un modo de realzarlo o enfatizarlo, con diversos efectos de sentido.

EJERCICIOS

Se presenta a continuación un total de cincuenta y seis ejercicios. Los veinte últimos son textos ligeramente adaptados para el caso; creemos que éstos son los que, llegado el momento, permitirán calibrar mejor el dominio que los estudiantes hayan alcanzado en los usos de **ser** *y* **estar**, *puesto que proporcionan información adicional y contextos amplios que guían la selección adecuada. De todos modos, hemos incluido los treinta y seis primeros para que se vayan practicando los usos y estructuras a medida en que aparecen en el libro; junto al número de cada ejercicio se indica el capítulo al que corresponde. Convencidos de que siempre será fácil para el profesor aumentar la cantidad de ellos, no hemos querido nosotros ser excesivamente generosos en este sentido. La* **Clave de los ejercicios** *también es muy escueta: la información que damos en los lugares correspondientes del libro y los comentarios del profesor harán el resto.*

1 (Cap. I)

Corrija lo expresado en los enunciados siguientes según el modelo:

> A: El accidente en que se mató la mujer de Luis *ocurrió hace dos años en Sevilla.*
>
> B: (hace tres años; en Madrid). No. El accidente *fue hace tres años en Madrid.*

1. A. ¿Se celebrará mañana el concierto de rock organizado por el ayuntamiento?
   B. (el fin de semana que viene) ....

2. A. Dicen que la charla se celebra en el salón de actos a las diez.
   B. (sala de juntas) ....

3. A. El desastre vino cuando le hipotecaron la casa.
   B. (se le murió el hijo) ....

4. A. No sé si la reunión la haremos aquí o allí.
   B. (aquí) ....

5. A. La boda de Conchita y Pepe se celebró en la iglesia de su pueblo.
   B. (Valencia) ....

6. A. La defensa de la tesis se realizó sin la asistencia de uno de los miembros del tribunal.
   B. (todos los miembros del tribunal) ....

7.A. Tendremos la asamblea semanal mañana a primera hora.

  B. (última hora) ....

8.A. He visto un anuncio que dice que la charla-coloquio la cele-
  bran en los jardines, al aire libre.

  B. (piscina cubierta) ....

9.A. El terremoto ocurrió a las diez.

  B. (las once) ....

10.A. La comida vino después de la conferencia, ¿no?

  B. (antes) ....

2 (Cap. I)

Complete los siguientes diálogos:

1.A. Hay un mitin esta tarde.

  B. ¿Dónde .... ? ¿En la plaza de toros?

  A. No, ... en la sede del sindicato.

2.A. Anoche hubo un ruido insoportable en la calle.

  B. ¿A .... ?

  A. A las dos de la madrugada más o menos.

3.A. Oiga, ¿queda mucho para que salga el autobús de Madrid?

  B. No. Son las once menos diez y la .... las 11.

4.A. ¿A partir de qué hora sirven el desayuno en este hotel?

  B. A partir de las 8, como todos.

  C. Aquí pone que el ....
  .... 7,30.

5.A. He ido a recoger tu paquete, pero no hay entrega hoy.

  B. ¿ .... ?

  A. Todos los días menos sábados, domingos y festivos.

6.A. ¡No salgas por ahí, hombre!

  B. ¿Por qué?

  A. Porque la .... por esta puerta.

7.A. Iremos al cine a las 6.

B. No es posible. Las funciones .... 5, 7,30 y 10.

8.A. Van a organizar un baile y sacar en él algún dinero para el viaje de estudios.

B. ¿Sí? ¿Para .... ?

A. Para febrero, después de los exámenes.

B. ¡Qué bien! ¿Y .... ?

A. No es seguro todavía, pero creo que en la discoteca que hay cerca del instituto.

9.A. No pueden entrar los periodistas.

B. ¿Por qué?

A. La reunión .... puerta ....

10.A. Ayer operaron del corazón a Pepe.

B. ¡No me digas! ¿Está grave?

A. Sí, porque la .... vida o ....

11.A. ¡Vaya una vergüenza! Se pelearon en el bar delante de toda la gente.

B. No me lo puedo creer. ¡Si eran muy amigos!

A. En realidad la .... por una tontería.

12.A. ¿Fue entonces cuando te perdiste por la ciudad, sin dinero y sin conocer la lengua?

B. No. Esos percances .... después.

13.A. ¿Y dice que el coche del señor Ramírez chocó con usted cuando éste intentaba salir del aparcamiento?

B. ¡Claro! El .... porque él no me cedió el paso cuando salía.

14.A. Dicen por ahí que están inspeccionando todos los servicios al público.

B. ¿Se sabe .... la .... ?

A. No es posible saberlo. Las .... siempre ... . aviso.

3 (Cap. I)

Transforme las oraciones, practicando los cambios necesarios, según el modelo:

> Se *entregarán* las medallas a los ganadores *al acabar el certamen.* → La entrega de medallas a los ganadores será al acabar el certamen.

1. El público *abucheó* al torero *por no hacer las faenas esperadas.*
2. La expedición *bajó* la montaña *por los lugares más abruptos.*
3. *Botarán* el barco *en presencia del primer ministro.*
4. Dicen que la nueva directiva lo *cambiará* todo *en poco tiempo.*
5. *Capturaron* varias serpientes *en el desierto.*
6. *Compraremos* la casa, *ya que insiste tu madre.*
7. Todos *conocimos* esos hechos *cuando recibimos los documentos.*
8. El ayuntamiento *construirá* ese parque *antes de las elecciones.*
9. Se *decepcionaron cuando les dijeron que no quedaba dinero alguno.*
10. *Derribaron* todos esos edificios *ante la presión de los especuladores.*
11. A la chica la *desengañaron las circunstancias que tuvo que sufrir.*
12. En esta ciudad las farolas se *encienden bastante temprano.*
13. Los *eximieron* de esos impuestos *al comprobarse que sus ingresos reales eran ínfimos.*
14. Es verdad: *experimentaron* con esas sustancias *sin que nadie lo advirtiera.*
15. El comité del partido *expulsó* a algunos miembros *por falta de disciplina.*
16. *Han fracasado porque no han hecho lo que les indiqué.*
17. Se *hallaron* importantes restos arqueológicos *en la necrópolis del pueblo.*
18. Parece que *incendiaron* el bosque *intencionadamente.*

19. Actualmente mucha gente se *inclina* a consumir sólo alimentos naturales *porque los cree mejores que los manipulados artificialmente.*

20. Las ganancias *mermaron* el año pasado *debido al descenso de las exportaciones.*

21. El consumo de drogas *progresa* cada vez más *entre los jóvenes.*

22. *Sintió* una soledad espantosa *cuando se le murió su esposa.*

4 (Cap. II)

Complete los siguientes diálogos con HABER O ESTAR:

1. A. Oye, ¿tienes cerillas?
   B. Sí, ... una caja en la mesilla del teléfono.
   A. No, no .... donde dices.
   B. Pues juraría que la caja .... allí cuando salí.

2. A. Oiga, por favor, ¿podría indicarme cómo se va a Correos?
   B. .... cerca de aquí. Mire, siga todo recto; al final de esta calle, a la derecha, ... un quiosco; justo enfrente de él .... el edificio de Correos.

3. A. ¿ .... leche para mañana?
   B. Sí, ... dos botellas en el frigorífico.
   A. ¿Estás segura? He mirado en el frigorífico y las botellas que dices no ....

4. A. ¿Has visto? No .... ni un planta en toda la casa.
   B. Creo que las plantas .... en un invernadero que no hemos visto.

5. A. .... un monasterio cisterciense cerca de aquí.
   B. ¿Sí? ¿A cuántos kilómetros .... ?
   A. Me parece que .... a unos 15 kilómetros.

6. A. Queremos una habitación con baño.

   B. Lo siento. Sólo .... ducha en las habitaciones.

   A. Pero, ... agua caliente, ¿no?

   B. Sí, claro. Pero tengo que decirles que en estos momentos sólo .... ya disponible una habitación: .... en el primer piso y es ruidosa. ¿Les interesa?

7. A. ¿Sabes una cosa? He pasado por la escuela y no .... ningún chico.

   B. Claro: .... todos en el campo, con el profesor de Ciencias Naturales.

8. A. ¿Qué .... allí en lo alto de la colina?

   B. Un refugio: en él .... el puesto de vigilancia del guardabosques.

   A. ¿Cómo se sube hasta lo alto?

   B. .... un camino por la ladera que no se ve desde aquí.

   A. ¿ .... el guardabosques allí ahora? Podríamos hacerle una visita.

   B. No, no ....

9. A. A ver: ¿qué ríos .... en España?

   B. .... bastantes: el Duero, el Tajo, el Guadiana, el Guadalquivir, el Ebro, el Miño...

   A. Muy bien. ¿Sabes dónde .... la desembocadura del Tajo?

   B. .... en Lisboa, creo.

   A. ¡Muy bien! ¿Y la del Duero? ¿Dónde .... ?

   B. .... en Oporto, ¿no?, donde el vino.

10. A. ¡Horror! No .... azúcar, ¿cómo vamos a hacer la tarta? Hoy es domingo y las tiendas no abren.

    B. No te preocupes: ayer compré un paquete cuando volvía a casa. .... en la despensa, al lado de las confituras. Tampoco .... levadura. Compré también un paquete. .... al lado de los cereales, creo.

5 (Cap. II)

Complete el siguiente texto con las formas adecuadas de HABER o ES-
TAR:

Ese ruido lo despertó. Sobresaltado, con voz temblorosa, preguntó: «¿Quién .... (1) ahí?» Nadie le contestó. Sólo oyó cómo caía la
lluvia. «Debe .... (2) alguien —pensó— ese ruido de pasos es de
una persona; es más: de una mujer». Abrió la puerta del dormitorio y
salió al pasillo. Allí no .... (3) nadie. Las maletas que trajo .... (4)
en el descansillo de la escalera, en el mismo lugar en que las dejó al
entrar en la casa. No .... (5) mucha luz y encendió la lámpara del
pasillo. No se había fijado antes en él. Le pareció largo y algo destar-
talado. En la pared de la derecha .... (6) una enorme reproducción
barata de un impresionista famoso. Debajo, en una mesa de color oscuro .... (7) el teléfono y, junto a él, mugrienta por el uso, ... (8)
una guía ya antigua. Vio entonces con claridad la silla con la que tro-
pezó al entrar; .... (9) a la derecha de la mesa, algo separada de la
pared. Apagó la luz y volvió a la habitación. Una vez en ella tuvo una
extraña sensación: todo .... (10) en su lugar, ciertamente, pero no-
taba como si lo miraran. Con impulso que no pudo reprimir, abrió el
armario. No .... (11) en él más que una caja de zapatos vacía y un
fuerte olor a alcanfor. Lo cerró y vio su imagen en el espejo; este hecho fortuito le provocó súbitamente una sensación inexplicable e in-
equívoca a un tiempo: no era la primera vez que .... (12) allí; en realidad su visita de ahora era como un retorno. No pudo evitar que un
escalofrío recorriera su cuerpo.

6 (Cap. II)

Transforme las siguientes expresiones en otras que contengan, según
convenga, SER o ESTAR:

1. Las clases de español se dan aquí.
2. El servicio de té no se encuentra donde dices.
3. La comida de la semana que viene se servirá en el jardín.
4. Las aulas para los párvulos se hallan en la planta baja.
5. Celebrarán todas esas conferencias en la sala de plenos.
6. Ubicarán el servicio de información en el sector de la izquierda.
7. Las actividades programadas no se desarrollarán en los locales de la fundación.
8. Te he dejado la comida encima de la mesa.
9. Creo que la manifestación se encuentra ahora en la Gran Vía.
10. La manifestación tendrá lugar mañana, martes, a las ocho.
11. La contestación a la carta del señor Pérez la puse en la carpeta de asuntos pendientes.
12. La explosión la oímos a las doce más o menos, ¿verdad?
13. Las charlas se imparten por la mañana, según creo.
14. La inspección llegará aquí mañana, a primera hora de la tarde.
15. La próxima función empieza muy pronto, dentro de unos minutos.
16. El desarrollo del proyecto se encuentra en sus etapas finales.
17. Me. han dicho que la inspección de los documentos la harán en cuanto preparen al efecto un equipo de juristas.

7 (Cap. II)

Transforme los diálogos siguientes utilizando SER:

1.A. Perdone, ¿dónde pongo este cuadro?
 B. Póngalo en esa pared, junto a la chimenea.
2.A. Los libros de esta caja van a esa estantería, ¿no?
 B. No. Tienes que colocarlos en la de enfrente.
3.A. ¡Vaya lío que tienes aquí! ¿Dónde se colocan estos paquetes?
 B. En ese rincón.

4.A. ¿Me siento aquí mismo?

B. ¡No, hombre! Tú tienes que sentarte a la izquierda de la señora Peláez.

5.A. ¿Limpio el comedor lo primero de todo?

B. No. Limpie primero el baño y después el comedor.

6.A. Oiga, ¿cuándo me toca a mí entrar?

B. Creo que usted va después de este señor, ¿no?

C. No, creo que le toca antes que a mí.

7.A. Me toca a mí echar las cartas, ¿no?

B. Sí, echa.

8.A. ¿Salgo ya a escena?

B. No, ahora salen los bailarines.

9.A. Voy a quitarle el polvo a los muebles.

B. No. Primero se lo quitas a las cortinas.

10.A. ¿Cuándo le echo el arroz?

B. Después de que empiece a hervir el agua.

8 (Cap. II)

Señale las expresiones con SER o ESTAR que sean incorrectas:

1. *(La casa de B es desconocida para A)*

A. ¿Está aquí el lavabo?

B. No. El lavabo es al final de este pasillo.

2. *(En un servicio de lavado de coches)*

A. ¿Ahora está mi coche?

B. No, ahora le toca al de este caballero.

3. *(En la consulta de un médico)*

A. ¿Cuándo es mi chico?

B. Dentro de muy poco.

4. *(En la calle)*

   A. Oiga, por favor, ¿Correos es al final de esta calle?

   B. Sí, allí es.

5. *(A pregunta a B dónde tiene que sentarse)*

   A. ¿Y dónde estoy yo?

   B. Entre papá y Loles.

6. *(Colocando cosas, después de una mudanza)*

   A. ¿Me puedes decir dónde está este trasto?

   B. Ponlo encima de esta mesa.

7. *(En la cocina, preparando algo)*

   A. La receta dice que les ponga el azúcar ahora.

   B. ¡Ni pensarlo! El azúcar es después de sacar las tortitas del horno.

9 (Cap. II)

Realizando las modificaciones necesarias, transforme las expresiones
siguientes en otras que contengan el verbo SER O ESTAR:

1. Pidió que le dijeran la hora.

2. Acaban de dar las ocho.

3. Van a dar las once dentro de unos momentos.

4. Las agujas marcaban justamente las doce cuando el reloj se detuvo.

5. ¡26 de abril ya! Queda menos para cobrar.

6. ¡Primavera! ¡Qué alegría!

7. Las vacaciones resultaron insoportables; tuvimos algunos días
   40 grados a la sombra.

8. Ya ha salido el sol.

9. Hoy, jueves; mañana, viernes.

10. ¡A mitad de mes y no tengo un duro! ¡Vaya un panorama!

11. Acaba de irse: demasiado tarde ya para pedirle excusas.

12. La una: todavía pronto para comer.

10 (Cap. II)

El texto presentado a continuación es muy sintético. Trate de hacerlo más explícito, con las modificaciones que considere necesarias, utilizando SER:

Las siete en el reloj de la torre. Temprano para algunas personas, no para mí. Me lavanto. Abro la ventana: «¡de día ya!», exclamo. Primavera, «Hermoso día para dar un paseo por el campo. Mañana, martes, cuatro de mayo, y he de volver ya a la ciudad. Quiero disfrutar de este último día de libertad. Dentro de unos meses, el otoño», pienso, «No volveré quizá hasta el otoño. Sí, tengo que apurar este día luminoso». Hora ya de salir. Preparo todo lo necesario. «La primera vez que siento la necesidad de apurar el tiempo», me digo. Salgo. Noto la caricia del sol. «¿La primera vez?», me pregunto. «No, la segunda, ciertamente; otoño, de noche. ¿El mes de octubre? Sí, octubre: lo recuerdo muy bien; los días finales de octubre, exactamente; se vendían las flores para la fiesta de Todos los Santos. Como ahora, momentos de vivir intensamente no sé qué sensaciones».

11 (Cap. III)

Transforme, según el modelo, las siguientes expresiones utilizando SER:

> Le han comprado una bicicleta → La bicicleta es para él/ella/usted.

1. Te he traído algunos tebeos.
2. El gobierno arbitró esas medidas para que se viera cómo controlaba la situación.
3. Han preparado las mesas para la fiesta.
4. Destinan todo ese dinero a remediar algunas de las necesidades que produce el paro.

5. Trabajan mucho para poder pagarse el piso.
6. Nos proporcionaron el dinero.
7. A ti te dieron todas las facilidades, no te quejes.
8. Le tocó la mitad de los bienes que dejaron de herencia sus tíos.
9. Os regalaron las entradas para que no os sintierais olvidados.
10. Pondrán la quinta parte del dinero, para que no digan que son unos tacaños.

12 (Cap. III)

Transforme, según el modelo, las expresiones siguientes utilizando SER:

> Visitaron a los abuelos para que vieran que se acordaban de ellos → La visita a los abuelos fue para que vieran que se acordaban de ellos.

1. Fueron a Roma para ver al Papa.
2. Inspeccionaron el lugar para comprobar que no había nada.
3. El primer ministro visitará ese país para dar muestras de buena voluntad.
4. Aunque no son creyentes, se casarán por la iglesia para no incomodar a la familia.
5. Acordaron exigir la prueba del SIDA para tranquilizar a la población.
6. El chico decidió irse para no ocasionar más problemas.
7. Estarán manifestándose toda esta semana para que el gobierno preste alguna atención a sus problemas.
8. Rindieron homenaje a todos los presentes, para que ninguno de ellos se sintiera excluido.
9. Dicen que volverá ese científico famoso, para que quede claro que el gobierno no tiene nada contra él.
10. Devolverán el importe del recibo para que no haya quejas.

13 (Cap. III)

Exprese, según el modelo, el contenido de las expresiones siguientes, utilizando SER y locuciones tales como A FAVOR DE, EN CONTRA DE, etc.

> Negociaron durante varias semanas con la idea de conservar la paz → Las negociaciones de varias semanas fueron en favor de la paz.

1. Recogieron miles de firmas; con ello intentaban impedir que emplazaran el nuevo aeropuerto en las proximidades del pueblo.
2. Están organizando una marcha hasta la ciudad: quieren protestar porque no hay abastecimiento de agua en el pueblo.
3. Disertará sobre las indiscutibles ventajas que presenta la dieta macrobiótica.
4. Poniendo a la venta todas esas acciones se incrementa el ahorro.
5. Le prohibieron que fumara y tomara café, alcohol y bebidas carbónicas; intentaban que no le repitiera el infarto.
6. En el periódico viene un artículo en que se ataca a la eutanasia.
7. Examinarán a fondo todos los hechos, pues tratan de llegar al final del asunto.
8. Como se propusieron armar un alboroto en la sala, comenzaron a hacer preguntas provocativas a los que presidían la asamblea.
9. Dejó la llave debajo de la alfombrilla de delante de la puerta; ella debería buscarla allí cuando viniera.
10. Actuarán los divos más grandes del momento; se intenta ayudar, así, a los damnificados por el terremoto.

14 (Cap. III)

Transforme los siguientes diálogos utilizando donde convengan SER PARA/A FAVOR DE/EN CONTRA DE/A FIN DE, etc.

1.A. Mira: He traído unos bombones.

   B. ¿Los has comprado para mí?

   A. ¡Qué pregunta! ¿Para quién crees tú que los he comprado?

2.A. Dice el periódico que con estas medidas pretenden frenar el proceso inflacionario.

   B. ¿Tú crees?

   A. Eso dice el periódico. A mí me parece que en realidad con esas medidas tratan de congelar los salarios.

3.A. Votó por el candidato más conservador.

   B. ¡Qué va! Votó por uno del centro.

4.A. Oye, ¿con qué objetivo están organizando esa campaña?

   B. Creo que quieren protestar por la ley del aborto.

   C. A mí me parece que es lo contrario: hacen la campaña a favor.

5.A. Los López me han regalado un cuadro bastante bueno.

   B. ¿A qué viene este regalo? Seguro que pretenden algún favor tuyo. ¡Siempre hacen lo mismo!

6.A. ¿Puedo escuchar la cinta?

   B. ¿Cómo si puedes? La he grabado con esa idea.

7.A. Lo hizo con la intención de herirme.

   B. No seas malpensado. Sólo quería hacerte ver la verdad tal como es.

15 (Cap. III)

Transforme, según el modelo, las siguiente expresiones en otras con valor de 'inadecuación'.

> El libro que dices tiene poco interés: no se amolda a la mentalidad de los niños → El libro que dices tiene poco interés: no es para niños.

> A mí me gusta el campo; la ciudad no me resulta apropiada → A mí me gusta el campo; la ciudad no es para mí.

1. La música moderna no me atrae.
2. Odio trabajar: no sirvo para el trabajo.
3. Le aburre leer: la lectura no le dice nada.
4. No sabéis tratar bien al público: las relaciones públicas se os dan mal.
5. No. No estás bien con ese sombrero azul. El color azul no te va bien.
6. No se lleva nada bien con los jóvenes. La juventud no le cae bien.
7. A los niños les encantan los relatos de aventuras y no los problemas de matemáticas.
8. Mira: me apasiona la música, pero no puedo soportar la de Chaikovski.
9. Siempre se las da de ser la persona más genial del mundo; desde luego no conoce la humildad.
10. Muy raras veces se decide a pagar cuando está con sus amigos en el bar; hay que reconocer que no se destaca precisamente por la generosidad.

16 (Cap. III)

Justifique deónticamente, según el modelo, las siguientes peticiones y órdenes:

> ¡Haz el favor de no decir una cosa así! → Esas cosas no son para decirlas.

1. ¡No juegues con la cuchara, niño!
2. ¿Por qué no inviertes ese dinero en acciones?
3. ¡Préstale el libro, hombre!
4. Y además, descanse los fines de semana y no haga nada.
5. Oye, no pierdas el tiempo.

6. Aprovéchate, ahora que eres joven.
7. ¡Vive la vida cuanto puedas!
8. ¿No podrías dormir de noche y trabajar de día?
9. ¡Qué frío! ¡Ponte el abrigo!
10. Eres ya un hombre, ¿no? Pues deja de llorar como un niño.

17 (Cap. III)

Sancione deónticamente, utilizando expresiones que denoten conformidad y desacuerdo *(ser verdad, estar de acuerdo, parecer lógico, llevar razón, no ser cierto, no ser verdad, no parecer lógico,* etc.), así como la información ofrecida en cada caso, el contenido de las expresiones siguientes, según el modelo:

> Se ha ido de vacaciones a la India *(Hay que vivir la vida)* → Me parece bien: la vida es para vivirla.

1. No quiero ir a la escuela. *(Los chicos deben ir a la escuela.)*
2. Tratan de ampliar el negocio. *(Hay que aprovecharse de los buenos tiempos.)*
3. Insistirán en que vayas. *(Las personas como yo no deben formar parte de esas asociaciones.)*
4. No estaba dispuesto a que le dijeran esas cosas en su cara. *(Los hombres no deben pasar por esas vejaciones.)*
5. Me ha dicho que ella no tiene muchas ganas de casarse. *(El matrimonio no debe tomarse a broma.)*
6. Van a subir los impuestos. *(Los impuestos deberían bajar.)*
7. Con la excusa de que tienen mucho trabajo y viven muy lejos, nunca vienen a visitarnos. *(Se debe visitar a los padres de uno de vez en cuando.)*
8. El pronóstico que ha dado la tele es que seguirá lloviendo todo este fin de semana. *(No tiene que llover tanto en este tiempo.)*

9. No acepta críticas ni de sus amigos. *(Los amigos tienen la obligación de decirnos su opinión sincera sobre todo.)*

10. ¿Sabes que el chico del vecino se ha escapado de casa? *(Los padres no deben ser demasiado duros con sus hijos.)*

18 (Cap. III)

Corrija deónticamente el contenido de las siguientes expresiones, utilizando cualquier fórmula de desacuerdo y la información que en cada caso se ofrece, según el modelo:

> Hay que permitir que los perros entren en los lugares públicos. *(Los perros tienen que quedarse fuera)* → ¡Qué barbaridad! Los perros son para que se queden fuera.

1. Deberían transformar las plazas en aparcamientos. *(Las plazas tienen que ofrecer espacios de recreo a los ciudadanos.)*

2. Yo creo que lo que debe hacerse es demoler las casas antiguas y construir en su lugar casas modernas. *(Las casas antiguas deben ser reconstruidas.)*

3. Hay que permitir la venta libre de la droga. *(La droga no puede venderse libremente.)*

4. Siempre hay que tomar la vida como viene. *(Hay que tomar la vida como viene cuando es posible.)*

5. Se deben revisar los coches de más de veinte años. *(Hay que dar al desguace los coches con más de veinte años.)*

6. No hay que estar siempre pendientes de la salud. *(La salud debe ser cuidada continuamente.)*

7. La gente es irresponsable: no debería gastar tanto dinero en cosas inútiles. *(El dinero hay que gastarlo, ya que no sirve para otra cosa.)*

8. Ahora que eres joven tendrías que aprovechar el tiempo que tienes en aprender cosas útiles. *(La juventud hay que pasarla lo mejor posible; después habrá tiempo de otras cosas.)*

9. Se bebe demasiado en fiestas como ésa: no me parece que ello sea algo adecuado. *(En las fiestas hay que divertirse de alguna manera, ¿no?)*

10. Comes de una manera exagerada: a tu edad no hay que comer tanto. *(La vida hay que vivirla como mejor le vaya a uno y dejarse de tonterías como esa de comer poco.)*

19 (Cap. III)

Construya, según el modelo, a partir de la información dada en cada caso, expresiones deónticas impersonales:

> No sé qué hacer: los exámenes están ya encima y no hay modo de hacer estudiar al chico → Es para que el chico estuviera ya estudiando como un loco.

1. ¡Las once y sin venir la niña!

2. No sé por qué razón se puso de ese modo; la situación no era tan grave.

3. Al niño no le han nacido todavía los dientes de leche. Es extraño, ¿verdad?, porque ya debería tenerlos.

4. Ha llamado el técnico y ha dicho que el televisor no estará reparado hasta dentro de unos quince días por lo menos.

5. Creo que no hay razón suficiente que justifique el mantener una actitud como la suya.

6. Los artículos que escribió en el periódico no eran tan buenos como para que le concedieran ese premio de periodismo.

7. Oye, tu marido siempre que habla mete la pata. Debe tener más cuidado.

8. Sí, la verdura sabe bien, pero debería haber hervido algo menos.
9. No comprendo cómo viene tan poca gente a un concierto tan excepcional como éste.
10. Comprendo que son niños y que les gusta jugar, pero esto no quiere decir que puedan hacer ese ruido infernal.

20 (Cap. IV)

Utilice en los siguientes diálogos la construcción «ESTAR + gerundio» cuando ello sea posible:

1. A. ¡Hola! ¿Qué .... *(hacer, tú)*?
   B. .... *(estudiar, yo)* matemáticas; mañana .... *(tener, yo)* un examen.

2. A. ¿ .... *(haber)* alguien en el pasillo cuando .... *(salir, tú)* anoche?
   B. No. No .... *(haber)* nadie; bueno, eso .... *(creer, yo)* entonces.

3. A. ¿ .... *(estar)* el señor en casa?
   B. Sí, ... *(trabajar, él)* en el despacho.

4. A. ¿Te .... *(ir, tú)* ya?
   B. Sí, ... *(preparar, yo)* un informe y .... *(necesitar, yo)* todo el tiempo.

5. A. ¿Qué .... *(hacer)* Mónica cuando la .... *(visitar, usted)* ese día?
   B. Cuando .... *(entrar, yo)* .... *(lavar, ella)* los platos.

6. A. Ven rápido: .... *(poner, impersonal)* en la tele una de esas películas que tanto te .... *(gustar, ellas)*.
   B. .... *(ir, yo)* en seguida.

7. A. .... *(deber, yo)* estudiar más, ¿no .... *(creer, tú)*?
   B. Sí, ... *(llevar, tú)* razón: .... *(perder, tú)* el tiempo irresponsablemente.

8.A. Mira esta foto: cuando me la .... *(hacer)* Sebastián yo ....
     (regar) las plantas de la terraza.
  B. ¡Oye! .... *(estar, tú)* muy bien. En esta otra te .... *(beber,*
     tú) una copa de champán.
  A. Sí .... *(celebrar, yo)* no sé qué cuando me la .... *(hacer,*
     impersonal).

21 (Cap. IV)

En algunas de las siguientes expresiones puede utilizarse, practicando
las transformaciones necesarias, la construcción «ESTAR + gerundio». Señale cuáles son:

1. Creo que no se llevan muy bien: siempre se pelean.
2. Apenas lo vi me di cuenta de que quería hablarme.
3. Desde que trabajamos con el nuevo jefe, las cosas marchan mejor.
4. Mañana, a esta misma hora, cenaré con ella en Madrid.
5. Mira: en este momento tengo poco tiempo, ¿por qué no nos vemos en otra ocasión?
6. ¿Todavía estudias francés en ese instituto?
7. ¿Sabes qué? Ya vivo en el piso nuevo.
8. Siempre que tomo el sol me duele la cabeza.
9. Fue en Barcelona donde nos vimos: yo pasaba un fin de semana allí.
10. Le dijo al inspector lo que vio: que cuando pasaba justo por de-
    lante del estanco ese hombre le salió por la derecha y le pidió,
    amenazándole con una navaja, el dinero que llevase.
11. Hace ya tres años que vivimos en este barrio y nunca hemos teni-
    do problemas de ese tipo.
12. Ya sé que tiene que hacer mil cosas mañana, pero algunos minu-
    tos sí que tendrás para hacerme esa gestión.

13. Según me contó por teléfono, no pudo venir porque en ese preciso momento atendía a un cliente.
14. Cuando lo veas, no le digas nada.
15. Deberías encerrarte y estudiar: tienes los exámenes la semana que viene.

22 (Cap. V)

Transforme en pasivas con SER, según el modelo, las expresiones siguientes:

> Sus compañeros lo respetan → Es respetado por sus compañeros.

1. Nadie lo ha odiado nunca.
2. Lo obligaron a firmar ese documento.
3. Pondrán la cantidad que falta a la recepción del paquete.
4. No es verdad: él no dijo tal cosa.
5. Gastaron un millón en muebles.
6. Los vecinos la estimaban mucho por ser tan servicial.
7. Le dijeron mil veces que tuviera cuidado, pero no hizo caso.
8. No sé si me invitarán a participar en ese homenaje.
9. No, el paquete de los libros no nos lo entregó el portero.
10. ¿A quién hirieron en la manifestación de ayer?

23 (Cap. V)

Transforme en pasivas con ESTAR, practicando los cambios que sean necesarios, las expresiones siguientes, según el modelo:

> Mañana por la tarde habré terminado el trabajo → El trabajo estará terminado mañana por la tarde.

1. Cuando vengáis ya habré preparado la comida.
2. No podemos pasar: la nieve ha bloqueado el camino.
3. Tendrás que escribirle una carta, porque el teléfono se averió ayer.
4. Cuando volví observé que no habían cerrado la puerta.
5. Ya he puesto a hervir el agua. ¿Qué hago ahora?
6. No puedo más: me desborda tanto problema.
7. Mucho me temo que no podré acabar esto para mañana.
8. Se ha enfadado por lo de Luis y no hay quien pueda acercársele.
9. Ha trabajado como un animal toda su vida, pero ya se ha cansado de trabajar tanto y piensa gastarse todo el dinero.
10. En el trabajo consideran a Javier persona muy responsable y seria: en realidad es más divertido de lo que parece.

24 (Cap. V)

Complete con SER O ESTAR, según convenga:

1. Esa cuestión ya .... tratada de muchos modos ayer y nadie logró resolverla adecuadamente.
2. Este camino .... cortado desde hace algún tiempo.
3. Todos los que cometieron esas infracciones .... multados con un millón de pesetas.
4. La leche .... adulterada por los vendedores con productos que resultaron ser cancerígenos.
5. Las averías del servicio telefónico .... reparadas hace un momento por los técnicos de la compañía.
6. Costumbres que antes .... consideradas dudosas, ahora son normales.
7. Esas opiniones no son nuevas: .... expuestas desde hace bastante tiempo en bastantes tratados.

8. No podemos ir al banco porque ya .... cerrado.

9. El barco se hundió; nosotros .... recogidos por el servicio de rescate de la marina.

10. La avería ya .... reparada.

11. Desde la promulgación de ese decreto todos los ciudadanos .... obligados a pagar esas tasas.

12. Las oficinas .... abiertas desde ayer.

13. .... preocupado: no sé cómo resolver el asunto.

14. Entonces fue cuando .... multado por aquel policía.

15. Los edificios que ves .... construidos por los habitantes de estos parajes hace siglos.

25 (Cap. VI)

Transforme las siguientes expresiones, practicando los cambios que sean necesarios, en otras que contengan «ESTAR + POR + infinitivo» o «ESTAR + SIN + infinitivo»:

1. ¿Sabes? Me están entrando ganas de irme al cine esta tarde.

2. Esos pisos son nuevos: nadie ha habitado en ellos aún.

3. ¡Cómo! ¿Todavía no te has limpiado los zapatos?

4. Creo que los chicos han decidido irse este fin de semana a la sierra.

5. No han preparado la comida, cuando debería estar lista ya.

6. Piensan decirle las verdades en su cara cuando lo vean.

7. Ha vendido ya muchos terrenos, pero todavía hay en venta algunos de los más caros.

8. Se debería tomar ya una decisión sobre el asunto.

9. Se enfadó tanto que pensó marcharse sin decir nada.

10. Le gustan tanto los mariscos que siente deseos de gastarse el sueldo de un mes en una comida.

Complete las siguientes expresiones con «ESTAR + POR», «ESTAR + SIN», «ESTAR + PARA», «ESTAR + A PUNTO DE» O «ESTAR (+ COMO) + PARA», según convenga:

1. Parece que el gobierno .... entrar en crisis, ante los problemas sociales suscitados por algunas medidas.
2. —¿Habéis recibido alguna noticia de ellos?
   —No, ... (nosotros) recibir nada.
3. Anoche .... ir a cenar fuera; menos mal que lo convencí para que nos quedáramos en casa.
4. Pues mire, creo que si el libro de que me habla no ha salido ya, ... salir de un momento a otro.
5. La operación ha sido terrible: .... (él) morirse.
6. La paella que nos hizo .... no dejar ni un grano en el plato.
7. Mira, como veo que tardan los chicos, ... bajar a ver qué ocurre.
8. —¿El piso .... mudarse ya?
   —No. Todavía .... pintar.
9. No he podido ganar la plaza a auxiliar, pero .... sacarla.
10. No le hables hoy, que no .... muchas bromas.
11. .... (yo) acostarme, cuando me llamaron por teléfono del hospital.
12. Hoy el jefe .... echarle los perros.
13. Le pedí de todos los modos posibles que me ayudara; le hice ver lo grave de mi situación, pero nada: no .... echarme una mano en nada.
14. La habitación en que vive .... entrar con mascarilla.
15. Perdona que no te recibiera ayer, pero es que no .... nadie.
16. Estos chicos nunca .... para lo que se les pueda mandar.

Complete con ESTAR («hallarse en un lugar», «estar preparado»),
¿ESTAMOS?, ESTAR EN, YA ESTAR («ya estar + gerundio»), ¡YA ES-
TÁ! o Y YA ESTÁ, según convenga:

1. ¿ .... tu padre?
   —No. Todavía no ha venido.
2. .... Ya he encontrado la solución al problema.
3. —¿Por qué no hiciste lo que te dije?
   —¿Es que todo el mundo tiene que decirme lo que tengo que hacer? Hice lo que me dio la gana ....
4. Oye: mañana a las diez aquí, ...
5. ¡ .... otra vez con la música! ¡Así no se puede estudiar!
6. .... (yo). Cuando quieras nos vamos.
7. ¿Otra vez .... (tú) con lo de siempre? ¿Cuándo piensas com-
   portarte como una persona mayor?
8. No sé a qué vienen tantas críticas. ¡Si me casé con él fue porque
   me gustaba, ... !
9. Creo que no me estás escuchando; ¿ .... lo que te estoy diciendo?
10. Y la próxima vez ten más cuidado, ...
11. —Buenos días, ¿ .... el señor?
    —No. Lo siento. Se marchó anoche al campo.
12. —¿Han reparado ya el televisor?
    —No. Todavía no ....
13. —¿Me has lavado la camisa?
    —Aún no.
    —Pues tendría que ....
14. Nunca .... en lo que te digo cuando te hablo.

15. —A ver si encuentras la manera de colocar estos libros aquí.

—Es difícil. Déjame pensar... .... Pon primero esos dos grandes y después los otros más pequeños.

28 (Cap. VII)

Enfatice mediante la fórmula SER y PROPOSICIÓN DE RELATIVO los elementos subrayados de las siguientes expresiones:

1. Mis vecinos juegan *al tenis*.
2. *Tu hermano* ha encontrado el libro que buscabas.
3. Las noticias de la catástrofe llegaron *ayer*.
4. Ese individuo está *desquiciado*.
5. Le han dado un premio *a Luisa*.
6. Encontré la carta *en el cajón de la mesa*.
7. Los problemas se *nos* han acumulado últimamente.
8. *Tú* no quieres hacerlo.
9. El profesor lo ha explicado *con toda claridad*.
10. No quieren contár*me*lo.
11. ¿Lo hará *Antonio?*
12. Nos vimos *la semana pasada*.
13. Traigo un regalo *para vosotros*.
14. Esta mañana he hablado *con Juan*.
15. Mis hijos han comprado *este balón*.

29 (Cap. VII)

Mediante la fórmula del ejercicio anterior, e introduciendo el verbo correspondiente, enfatice los enunciados que siguen:

1. Mi familia se fue ayer de excursión.

2. No estás preparando bien los exámenes.

3. Los jugadores estaban desconcertados.

4. No basta ser inteligente.

5. Actuó con mucha prudencia en aquel asunto.

6. Se quedará a la expectativa.

7. Tus palabras los dejaron asombrados.

8. El decano recibió a los representantes de los alumnos.

9. En esta región llueve a cántaros.

10. Despidieron a veinte empleados.

30 (Cap. VII)

De los enunciados B, señale el que considere (más) adecuado en cada caso:

1.A. ¿Has sido tú el que me ha dejado esta nota?

  B1. No, Juan.

  B2. No, ha sido Juan el que te la ha dejado.

  B3. No, ha sido Juan.

2.A. Los alumnos te preguntan y eso te molesta.

  B1. No, lo que me molesta es que me pregunten.

  B2. No, lo que me molesta es el tipo de preguntas que hacen.

3.A. Me están llamando ignorante.

  B1. No, lo que quiero decir es que no te has enterado de nada.

  B2. Sí, lo que ocurre es que no te enteras de nada.

4.A. Ha hablado mucho en la reunión.

  B.1 Lo que quería era pasar inadvertido.

  B2. Lo que quería era llamar la atención.

5.A. ¿Está enfermo y no vas a verlo?

  B1. Lo que pasa es que no me he enterado.

  B2. Lo que pasa es que ya lo sabía.

6.A. Me ha dicho Luis que Juan vendrá mañana.
  B1. No, es Antonio.
  B2. No, es Antonio quien vendrá mañana.
7.A. ¿No te sorprende que sepa tanto?
  B1. No, lo que me sorprende es que se exprese tan bien.
  B2. Sí, lo que me sorprende es que se exprese tan bien.

31 (Cap. VII)

Complete los siguientes diálogos; para ello ponga en boca de C el contenido que figura entre corchetes empleando la estructura SI A + SER B:

1.A. El problema me preocupa por su importancia.
  B. Por lo que te preocupa el problema es por sus repercusiones.
  C. [Te preocupa porque no sabe resolverlo.]
2.A. Antonio ha disfrutado mucho en el viaje.
  B. La que ha disfrutado ha sido su mujer.
  C. [Ha disfrutado su hijo mayor.]
3.A. Debemos replicar a esas insinuaciones.
  B. Lo que debemos hacer es contestar con dureza.
  C. [Debemos no darnos por enterados.]
4.A. El artículo lo ha escrito Pedro.
  B. El que lo ha escrito ha sido Luis.
  C. [Lo ha escrito Ángel.]
5.A. La discusión tuvo lugar en Niza.
  B. Yo creo que fue en Burdeos.
  C. [Tuvo lugar en París.]
6.A. Se han comprado un modelo Citroën BX-16.
  B. El modelo que se han comprado ha sido un BX-19.
  C. [Se han comprado un BX-25.]

7.A. El hijo de Juan se ha hecho notario porque buscaba una buena posición social.

   B. Ha sido porque quería ganar dinero por lo que se ha hecho notario.

   C. [Se ha hecho notario por seguir la tradición familiar.]

32 (Cap. VII)

En los diálogos y enunciados siguientes exprese lo que figura entre corchetes utilizando la estructura ES QUE + X en alguna de sus variantes:

1.A. Ayer no viniste al cine.

   B. [No me encontraba bien.]

2.   [Hoy no has ido al trabajo; ¿estás enfermo?]

3.A. Habíamos quedado citados para jugar al tenis y no ha venido.

   B. [Le dolerá el codo.]

4.   [Estudia; si no, te van a suspender.]

5.   [No os asombréis de mi tren de vida; he recibido una herencia inesperada.]

6.A. ¡Es insoportable el calor que hace aquí!

   B. [No han abierto las ventanas.]

7.   [Te he estado viendo durante todo el mes de julio; ¿no te has ido de vacaciones?]

8.A. Fíjate cómo cojea; es raro, ¿no?

   B. [Habrá tenido un accidente.]

9.   [No me callé por cobardía, sino porque no quería que se armara un escándalo.]

10.A. ¿Te vienes al cine? Echan esa película que tanto te interesa.

   B. [Tengo una cita a esa hora.]

33 (Cap. IX)

A las preguntas siguientes conteste con una o varias de estas respuestas:
Es profesor. / Es profesor de matemáticas. / Es un profesor muy
apreciado. / Está de profesor en un colegio. / Es el profesor de mis
hijos. / Es profesor de matemáticas, pero está de contable en una
fábrica. / Es el profesor del primer curso. / Es profesor, pero no
ejerce ahora.

1. ¿Qué es Antonio?
2. ¿Quién es Antonio?
3. ¿Es cierto que Antonio no trabaja?
4. ¿A qué se dedica Antonio?
5. ¿Conoces a Antonio?
6. ¿Dónde trabaja Antonio?
7. ¿Cuál es en realidad la profesión de Antonio?
8. ¿Cuál es ese Antonio del que me estás hablando?
9. ¿Ha cambiado Antonio de profesión?
10. ¿Cómo le va a Antonio en su trabajo?

34 (Cap. IX)

En los enunciados siguientes emplee SER o ESTAR (en un tiempo verbal adecuado):

1. Este libro .... nuestro.
2. Juan .... cual lo conocisteis.
3. No .... bien que les respondas así a tus padres.
4. Me parece que .... imposible que llegue a tiempo.
5. Tú dirás lo que quieras, pero las cosas .... siempre así.
6. Pocos .... los elegidos.
7. Cuando ha hablado, el portavoz del grupo .... pésimamente.

8. El profesor .... hoy que no hay quien se atreva a mirarlo.
9. Las sillas .... de plástico.
10. El ciclo de cine moderno .... muy bien.
11. Que hayas convencido al auditorio no .... claro.
12. Esa herida que te has hecho no .... nada.
13. En nuestro curso .... veinticinco alumnos.
14. .... bueno que te tomaras las cosas con más calma.
15. La prudencia .... en actuar con mesura.
16. En San Sebastián mis padres sentían nostalgia porque .... de Andalucía.
17. No quiero engañarte: así .... el asunto.
18. Cuando se enteró, ... que mordía.
19. Tus amigos .... de juerga un día sí y otro no.
20. No se entera de nada: siempre .... en las nubes.

35 (Cap. X)

Emplee SER O ESTAR según convenga:

1. Compré el coche hace diez años, pero todavía .... bastante nuevo.
2. Después del accidente mi hermano .... unos días muy grave.
3. No sé por qué .... tan atento con las personas que sabes que sólo vienen a robarte tiempo.
4. ¡ .... listo si cree que así se va a salvar del desastre!
5. No le tomes en consideración sus errores, porque .... nuevo en la profesión.
6. ¡Qué susto se ha llevado! .... más muerto que vivo.
7. Con lo pesada que es la conferencia no me explico cómo puedes .... tan atento.
8. En las distancias cortas los mejores corredores .... negros.

9. Aunque tuve mucha paciencia, al final .... molesto.
10. Más que alegre y dicharachero, tu amigo .... fresco.
11. El televisor funciona bien, pero ya .... viejo.
12. No ha venido porque sabe lo que le espera: .... muy listo.
13. Cámbiate de ropa: así .... indecente.
14. Por la palidez de su cara parece que .... malo.
15. No te preocupes por lo que le pueda pasar; además de inteligente .... vivo y despierto.

36 (Cap. X)

Emplee SER o ESTAR (cuando crea posibles los dos trate de explicar la diferencia):

1. Ayer vi a Luis: .... muy alegre porque le había tocado la lotería.
2. La clase .... interesante, pero le he encontrado algunos fallos.
3. Aunque te empeñes, no es posible .... siempre contento.
4. Ten en cuenta que Juan .... muy prudente en sus juicios.
5. Con los problemas que tiene, no me explico cómo este hombre .... tan alegre.
6. Hay que traer agua a estos campos, porque .... esencial para la agricultura.
7. A pesar del golpe que le has dado, el jarrón .... intacto.
8. Dice que se encuentra más cómodo cuando .... desnudo.
9. La arena quema mucho: no se puede .... descalzo.
10. Más vale .... solo que .... desolado.
11. Obsérvale la cara: .... muy grave.
12. Las frutas de este jardín .... todavía muy verdes.
13. No es que el suelo sea blanco, es que .... así del polvo.
14. (Yo) .... pesaroso por haberme comportado de ese modo.

15. Tu rival......... más listo que tú en esta ocasión.

16. Aunque tiene fama de hablador, en la reunión .... muy callado.

17. Le resulta muy difícil no fumar al que .... nervioso.

18. La comida que sirven aquí .... caliente.

19. No te lo vas a creer, pero el tiempo aquí .... caluroso.

20. La herida .... mortal de necesidad.

37

DON ROSARIO.—Pase usted, don Dionisio. Aquí, en esta habitación, le hemos puesto el equipaje.

DIONISIO.—Pues .... (1) una habitación muy mona, don Rosario.

DON ROSARIO.—......... (2) la mejor habitación, don Dionisio, y la más sana. El balcón da al mar. Y la vista .... (3) hermosa. *(Yendo hacia el balcón.)* Acérquese. Ahora no se ve bien, porque .... (4) de noche. Pero, sin embargo, mire usted allí las lucecitas de las farolas del puerto. Hace un efecto muy lindo. Todo el mundo lo dice. ¿Las ve usted?

DIONISIO.—No. No veo nada.

DON ROSARIO.—Parece usted tonto, don Dionisio.

DIONISIO.—¿Por qué me dice usted eso, caramba?

DON ROSARIO.—Porque no ve las lucecitas. Espérese. Voy a abrir el balcón. Así las verá usted mejor.

DIONISIO.—Ahora me parece que veo algo. ¿ .... (5) tres lucecitas que hay allí a lo lejos?

DON ROSARIO.—Sí. ¡Eso! ¡Eso!

DIONISIO.—¡ .... (6) precioso! Una .... (7) roja, ¿verdad?

DON ROSARIO.—No. las tres .... (8) blancas. No hay ninguna roja.

DIONISIO.—Pues yo creo que una de ellas .... (9) roja. La de
la izquierda.

DON ROSARIO.—No. No puede .... (10) roja. Llevo quince años
enseñándoles a todos los huéspedes, desde este balcón, las lucecitas de las farolas del puerto, y nadie
me ha dicho nunca que hubiese ninguna roja.

M. MIHURA
Tres sombreros de copa
(Texto adaptado)

38

DON ROSARIO.—Ésta .... (1) la habitación más bonita de la casa... Ahora, claro, ya .... (2) estropeada del tra-
jín... ¡Vienen tantos huéspedes en verano!... Pero
hasta el piso de madera .... (3) mejor que el de
otros cuartos... Venga aquí... Fíjese... Este trozo
no, porque .... (4) el paso y ya .... (5) gastado de tanto pisar... Pero mire usted debajo de la cama, que .... (6) más conservado... Fíjese qué
madera, hijo mio... ¿Tiene usted cerillas?

DIONISIO.—Sí. Tengo una caja de cerillas y tabaco.

DON ROSARIO.—Encienda usted una cerilla.

DIONISIO.—¿Para qué?

DON ROSARIO.—Para que vea usted mejor la madera. Agáchese.
Póngase de rodillas.

DIONISIO.—Voy.

DON ROSARIO.—¿Qué le parece a usted, don Dionisio?

DIONISIO.—¡Que .... (7) magnífico!

DON ROSARIO.—¡Ay!

DIONISIO.—¿Qué le sucede?

DON ROSARIO.—*(Mirando debajo de la cama.)* Allí hay una bota.

DIONISIO.—¿De caballero o de señora?

DON ROSARIO.—No sé. .... (8) una bota.

DIONISIO.—¡Dios mío!

DON ROSARIO.—Hágame el favor, don Dionisio. A mí me .... (9) imposible agacharme más, por causa de la cintura... ¿Quiere usted ir a coger la bota?

DIONISIO.—Sí. Ya voy por ella. *(Mete parte del cuerpo debajo de la cama.)* Ya .... (10). Ya la he cogido. Pues .... (11) una bota muy bonita. .... (12) de caballero.

DON ROSARIO.—¿La quiere usted, don Dionisio?

DIONISIO.—No, por Dios; muchas gracias. Déjelo usted...

DON ROSARIO.—No .... (13) tonto. Ande. Si le gusta, quédese con ella. Seguramente nadie la reclamará... ¡Cualquiera sabe desde cuándo .... (14) ahí metida... !

DIONISIO.—No. No. De verdad. Yo no la necesito...

DON ROSARIO.—Vamos. No .... (15) usted bobo... ¿Quiere que se la envuelva en un papel, carita de nardo?

DIONISIO.—Bueno, como usted quiera...

DON ROSARIO.—No hace falta. .... (16) limpia. Métasela usted en el bolsillo. Así...

DIONISIO.—¿Me levanto ya?

DON ROSARIO.—Sí, don Dionisio, levántese de ahí, no .... (17) que se vaya a estropear los pantalones...

DIONISIO.—Pero, ¿qué veo, don Rosario? ¿Un teléfono?

DON ROSARIO.—Sí, señor. Un teléfono.

DIONISIO.—Pero ¿ .... (18) un teléfono de esos por los que se puede llamar a los bomberos?

Don Rosario.—Sí, señor. Y a los de las Pompas Fúnebres...

Dionisio.—¡Pero esto .... (19) tirar la casa por la ventana, don Rosario! Hace siete años que vengo a este hotel y cada año encuentro una nueva mejora. ¡ .... (20) magnífico! De una fonda de segundo orden ha hecho usted un hotel confortable... Y los precios siguen .... (21) económicos... ¡Esto supone la ruina, don Rosario...!

Don Rosario.—Ya me conoce usted, don Dionisio. No lo puedo remediar. (Yo) .... (22) así. Todo me parece poco para mis huéspedes de mi alma...

Dionisio.—Pero, sin embargo, exagera usted... No .... (23) bien que cuando hace frío nos meta usted botellas de agua caliente en la cama; ni que cuando .... (24) constipados se acueste usted con nosotros para darnos más calor y sudar; ni que nos dé usted besos cuando nos marchamos de viaje. No .... (25) bien tampoco que, cuando un huésped está desvelado, entre usted en la alcoba con su cornetín de pistón e interprete romanzas de su época, hasta conseguir que se quede dormidito... ¡ .... (26) ya demasiada bondad...! ¡Abusan de usted...!

Don Rosario.—Pobrecillos... Déjelos..., casi todos los que vienen aquí .... (27) viajantes, empleados, artistas... Hombres solos... Hombres sin madre... Y yo quiero .... (28) un padre para todos, ya que no lo pude .... (29) para mi pobre niño... ¡Aquel niño mío que se ahogó en un pozo...!

Dionisio.—¡Vamos, don Rosario... No piense usted en eso...!

Don Rosario.—Usted ya conoce la historia de aquel pobre niño que se ahogó en el pozo...

DIONISIO.—Sí. La sé. Su niño se asomó al pozo para coger una rana... Y el niño se cayó. Hizo «¡pin!», y acabó todo.

DON ROSARIO.—Esa .... (30) la historia, don Dionisio. Hizo «¡pin!», y acabó todo. ¿Va usted a acostarse?

DIONISIO.—Sí, señor.

DON ROSARIO.—Le ayudaré, capullito de alhelí. A todos mis huéspedes los quiero, y a usted también, don Dionisio. Me .... (31) usted tan simpático desde que empezó a venir aquí, ¡ya va para siete años!

M. MIHURA
Tres sombreros de copa
(Texto adaptado)

39

DON MANUEL.—Y Fernando, ¿qué se hace?

DOÑA ASUNCIÓN.—En su papelería. Pero no .... (1) contento. ¡El sueldo .... (2) tan pequeño! Y no .... (3) porque .... (4) mi hijo, pero él vale mucho y merece otra cosa. ¡Tiene muchos proyectos! Quiere .... (5) delineante, ingeniero, ¡qué sé yo! Y no hace más que leer y pensar. Siempre .... (6) tumbado en la cama, pensando en sus proyectos. Y escribe cosas también, y poesías. ¡ .... (7) más bonitas! Ya le diré que dedique alguna a Elvirita.

ELVIRA.—Déjelo, señora.

DOÑA ASUNCIÓN.—Te lo mereces, hija. *(A don Manuel.)* No ....

(8) porque .... (9) delante, pero ¡qué precio-
sísima .... (10) Elvirita! .... (11) una cla-
vellina. El hombre que se la lleve...

DON MANUEL.—Bueno, bueno. No siga, que me la va a malear.
Lo dicho, doña Asunción. Recuerdos a Fernan-
dito. Buenos días.

ELVIRA.—Buenos días.

A. BUERO VALLEJO
Historia de una escalera
(Texto adaptado)

40

La casa —medio rústica, medio ciudadana— se levanta entre la
ciudad y el campo. .... (1) vasta y sólida. .... (2) labrada de piedra berroqueña granigruesa, cenicienta y con pintas negras. Sobre la
puerta campea un gran escudo con la selva espesa —*silva procera*—
de este linaje de Silvas. Tiene la casa como accesorios cochera, caba-
llerizas, un pajar. Los vanos de la fachada .... (3) encuadrados en
acodos que figuran cabezas de clavo. La planta baja .... (4) dividi-
da en su comedio por tres arcos: uno ancho y dos laterales, estrechos.
La escalera .... (5) a un lado. A la derecha y a la izquierda se
abren las puertas de espaciosas salas. El zaguán .... (6) amueblado
con sillones y un canapé provisto de mullidas colchonetas. Extenso y
frondoso huerto respalda la casa; anchuroso patio linda con el huerto.
La cocina .... (7) en la parte posterior; tiene salida al huerto.

AZORÍN
Doña Inés (Historia de amor)
(Texto adaptado)

41

A doña Ramona Bragado le llamó por teléfono don Mario de la Vega, uno que tiene una imprenta. El hombre quería noticias de algo detrás de lo que andaba ya desde hacía varios días.

—Y además, ... (1) ustedes del mismo oficio, la chica trabaja en una imprenta, yo creo que no ha pasado de aprendiza.

—¿Ah, sí? ¿En cuál?

—En una que se llama tipografía El Porvenir, que .... (2) en la calle de la Madera.

—Ya, ya; bueno, mejor, así todo queda en el gremio. Diga, ¿y usted cree que...? ¿Eh?

—Sí, descuide usted, eso .... (3) cosa mía. Mañana, cuando eche usted el cierre, pásese por la lechería y me saluda con cualquier disculpa.

—Sí, sí.

—Pues eso. Yo se la tendré allí, ya veremos con qué motivo. La cosa me parece que ya .... (4) madurita, que ya .... (5) al caer. La criatura ....(6) muy harta de calamidades y no aguanta más que lo que queramos dejarla tranquila. Además, tiene el novio enfermo y quiere comprarle medicinas; estas enamoradas .... (7) las más fáciles, ya verá usted. Esto .... (8) pan comido.

—¡Ojalá!

—Usted lo ha de ver. Oiga, don Mario, que de aquello no bajo un real, ¿eh? Bastante en razón me he puesto.

—Bueno, mujer, ya hablaremos.

—No, ya hablaremos, no, ya .... (9) todo hablado. ¡Mire que doy marcha atrás!

—Bueno, bueno.

C. J. Cela
La colmena

42

Media semana .... (1) en esta lucha, ya que queriendo ceder
para oficiar de maestra, ya perseverando en sus primitivos temores e
inclinándose a no intervenir para nada... Pero con las amigas tenía que
representar otros papeles, pues .... (2) vanidosa fuera de casa y no
gustaba nunca de aparecer en situación desairada o ridícula. Cuidaba
mucho de ponerse siempre muy alta, para lo cual tenía que exagerar y
embellecer cuanto la rodeaba. .... (3) de esas personas que siempre alaban desmedidamente las cosas propias. Todo lo su-
yo .... (4) siempre bueno: su casa .... (5) la mejor de la calle; su
calle, la mejor del barrio, y su barrio, el mejor de la villa. Cuando se
mudaba de cuarto, esta supremacía domiciliaria iba con ella a donde
quiera que fuese. Si algo desairado o ridículo le ocurría, lo guardaba
en secreto; pero si .... (6) cosa lisonjera, la publicaba poco menos
que con repiques. Por esto, cuando se corrió entre las familias amigas
que el sietemesino se quería casar con una tarasca, no sabía *la de los
Pavos* cómo arreglarse para quedar bien. Dificilillo de compo-
ner .... (7) aquello, y no bastaba todo su talento a convertir en
blanco lo negro, como otras veces había hecho.

Varias noches .... (8) en la tertulia de las de la Caña completa-
mente achantada y sin saber por dónde tirar. Pero desde el día en que
vio a Fortunata, se sacudió la morriña, creyendo haber encontrado un
punto de apoyo para levantar de nuevo el mundo abatido de su optimismo. ¿En qué creeréis que se fundó para volver a tomar aquellos ai-
res de persona superior a todos los sucesos? Pues en la hermosura de
Fortunata. Por mucho que se figuraran de su belleza, no tendrían idea
de la realidad. En fin, que había visto mujeres guapas, pero como
aquélla, ninguna. .... (9) una divinidad en toda la extensión de la
palabra.

Pasmadas .... (10) las amigas oyéndola, y aprovechó doña Lupe ese asombro para acudir con el siguiente ardid estratégico:

—Y en cuanto a lo de su mala vida, hay mucho que hablar...
No .... (11) tanto como se ha dicho. Yo me atrevó a asegurar
que .... (12) muchísimo menos.

Interrogada sobre la condición moral y de carácter de la divinidad, hizo muchas salvedades y distingos:

—Eso no lo puedo decir... No he hablado con ella más que una
vez. Me ha parecido humilde, de un carácter apocado, de ésas
que .... (13) fáciles de dominar por quien pueda y sepa hacerlo.

Hablando luego de que la metían en las Micaelas, todas las presentes elogiaron esta resolución, y doña Lupe se encastilló más en su
vanidad diciendo que .... (14) idea suya y condición que puso para
transigir; que después de una larga cuarentena religiosa podía .... (15) admitida en la familia, pues las cosas no se podían llevar a punta de lanza, y eso de tronar con Maximiliano y cerrarle la
puerta, muy pronto se dice; pero hacerlo ya .... (16) otra cosa.

B. PÉREZ GALDÓS
Fortunata y Jacinta

43

Al día siguiente, poco antes de la hora de comer .... (1) niña
Chucha en la calle, cuando llamaron a la puerta. Abrió Manuel .... (2) el calcáreo.

—¡Hola, estudiante! —dijo—. ¿Y doña Paquita?

—En su cuarto —contestó Manuel.

Llamó don Sergio en la puerta con los nudillos, y repitió varias
veces:

—¿Se puede?

—Pase usted, don Sergio —dijo la baronesa—, y abra usted las
ventanas.

Entró el viejo en el cuarto, tropezando con los bultos desparramados por el suelo, y abrió el balcón.

—Pero, Paquita, ¿todavía en la cama? —preguntó en el colmo de la estupefacción—. Eso no .... (3) sano.

—¡Oh! Si viera usted cómo he trabajado —replicó la baronesa, desperezándose—. Ayer me acosté rendidita, y hoy para las cinco .... (4) ya trabajando; pero de tanto trajinar se me ha levantado un dolor de cabeza que me he tenido que acostar otra vez.

—¿Para qué trabajas tanto? No te conviene.

—......... (5) que hay que hacer las cosas; luego, en esta casa no ayudan. *Chucha* no hace más que leer novelas; a Sergio no le voy a poner a andar como un mozo de cuerda, y yo sola tengo que hacerlo todo. Espero que otro día .... (6) más feliz y tendrá usted el gusto de presenciar lo buena chica que .... (7) y cómo sigo sus consejos al pie de la letra.

—Bueno, Paquita, bueno. Sigues .... (8) una chiquilla.

La baronesa, para demostrar que .... (9) verdad esto, hizo unos cuantos arrumacos a *Cromwell,* y después, con tono indiferente, le pidió cincuenta pesetas.

—Pero...

—Si ya sé que me va usted a reñir. No crea usted que he gastado todo el dinero, ni mucho menos .... (10) que, la verdad, un billete de quinientas pesetas no quiero cambiarlo, y como tengo que pagar una cuentecilla...

—Vaya, ahí va.

Y don Sergio, con una sonrisa que quería .... (11) amable, sacó la cartera del bolsillo y dejó un papel azul sobre la mesilla de noche; luego, le pareció poco galante dar lo que le había pedido, y dejó otro.

PÍO BAROJA
Mala hierba

Abrí la puerta de la habitación de María Coral y me acogió un olor acre y una oscuridad tan cerrada como aquella en la que me hallaba. Lo primero que se me ocurrió .... (1) que la estancia .... (2) vacía, pero a poco, prestando atención, percibí una respiración agitada y unos débiles sonidos que me parecieron ayes de dolor. La llamé por su nombre: «¡María Coral! ¡María Coral!», y no obtuve respuesta. Los gemidos continuaban. Yo había gastado la última cerilla tratando de localizar el número de la habitación, de modo que adopté una determinación, volví a tientas hasta el vestíbulo y tomé la lamparilla de aceite que ardía en la hornacina del santo. Provisto de luz volví a la habitación y alumbré su interior; mis ojos .... (3) ya acostumbrados a las tinieblas y no me .... (4) difícil reconocer al fondo de la pieza el contorno de una cama de hierro y una figura de mujer tendida en ella. .... (5) María Coral y .... (6) sola, gracias a Dios. Pensé que .... (7) durmiendo y que una pesadilla alteraba su sueño. Me acerqué y le cogí la mano: .... (8) helada y en extremo húmeda. Aproximé la lamparilla al rostro de la gitana y un estremecimiento recorrió mi cuerpo: María Coral .... (9) pálida como una muerta y sólo un leve temblor de su barbilla y los ayes lastimeros que exhalaba por su boca entreabierta indicaban que aún vivía. La tomé por los hombros y traté de hacerla volver en sí. .... (10) inútil. Le di unos cachetes y tampoco obtuve resultado alguno, salvo que los lamentos se hicieron más angustiosos y la palidez mayor aún. María Coral se .... (11) muriendo. Di voces, pero nada parecía indicar que otras personas .... (12) en casa. Yo .... (13) confuso, atolondrado, no sabía qué actitud adoptar. Pensé cargar con el cuerpo de la gitana y llevarla a cualquier parte donde pudieran curarla, pero pronto rechacé la idea; no podía salir con el cuerpo de una mujer agonizante a la calle, en plena noche, y empezar a llamar de puerta en puerta.

E. MENDOZA
La verdad sobre el caso Savolta
(Texto adaptado)

45

Daniel, el Mochuelo, se revolvió en el lecho y los muelles de su camastro de hierro chirriaron desagradablemente. Que él recordase, ... (1) ésta la primera vez que no se dormía tan pronto caía en la cama. Pero esta noche tenía muchas cosas en qué pensar. Mañana, tal vez, no .... (2) ya tiempo. Por la mañana, a las nueve en punto, tomaría el rápido ascendente y se despediría del pueblo hasta las Navidades. .... (3) tres meses encerrado en un colegio. A Daniel, el Mochuelo, le pareció que le faltaba aire y respiró con ansia dos o tres veces. Presintió la escena de la partida y pensó que no sabría contener las lágrimas, por más que su amigo Roque, el Moñigo, le dijese que un hombre que .... (4) hombre no debe llorar aunque se le muera el padre. Y el Moñigo tampoco .... (5) cualquier cosa, aunque contase dos años más que él y aún no hubiera empezado el Bachillerato. Ni lo empezaría nunca, tampoco. Paco, el herrero, no aspiraba a que su hijo progresase; se conformaba con que .... (6) herrero como él y tuviese suficiente habilidad para someter el hierro a su capricho. ¡Ése sí que .... (7) un oficio bonito! Y para .... (8) herrero no hacía falta estudiar catorce años, ni trece, ni doce, ni diez, ni nueve, ni ninguno. Y se podía .... (9) un hombre membrudo y gigantesco, como lo .... (10) el padre de Moñigo.

M. DELIBES
El camino
(Texto adaptado)

—No. No creo .... (1) injusto con Falla. .... (2) más, cuando se estrenó *El retablo de maese Pedro* en París, en mil novecientos veintitrés, creo, a comienzos del verano del veintitrés, le dediqué una crónica en *Le Courrier Musical* y ustedes saben muy bien que Falla .... (3) antes profeta en París que en Madrid, aquí se le dio el valor que merecía *El amor brujo* y en Madrid, creo, su estreno .... (4) un relativo fracaso. Pero .... (5) evidente que en los años veinte yo .... (6) más joven que ahora, por lo menos diez años más joven que ahora.

Rió Darius Milhaud y sólo Luis Doria no dio acuse de recibo. A Teresa se le escapó una risita de soprano ligera, Larsen rió con franqueza y Albert Rosell sonrió con complicidad.

—De hecho, frente a una espléndida obra musical como la de Falla, los más jóvenes la apreciábamos más por lo que tenía de sensibilidad exótica, de reflejo de una sensibilidad romántica y llena de contrastes que atribuimos a España, que como obra musical en el sentido estricto, técnico, cultural de la cuestión. Y esa valoración de lo exótico nos hacía .... (7) más tolerantes con un impresionista extranjero, como en el fondo .... (8) Falla, que con los papas del impresionismo francés. Les respetábamos, pero les combatíamos, aunque con una cierta amabilidad. Los músicos .... (9) menos agresivos que los pintores o los escritores, al menos los músicos franceses, aunque quizá se deba a que la sociedad nos hace menos caso que a los pintores y los escritores. Y ahora las cosas han mejorado, pero cuando yo .... (10) joven, bueno, más joven, sin ir más lejos, en la inmediata posguerra, en el París del comienzo de los años veinte, ni siquiera había un gran público para la música. Había cuatro grandes asociaciones sinfónicas: La Sociedad de Conciertos del Conservatorio, que daba conciertos todos los domingos a las tres de la tarde en la sala pequeña del antiguo conservatorio, una orquesta de tradición gloriosa, pero con un repertorio terriblemente conservador. Luego .... (11) la Sala Gaveau, por cierto, donde se presentó, el otro día, *Jeune France,* según hemos hablado, dirigida por Chevillard, un loco por Wagner, Schumann y Liszt; los conciertos Colonne, en el Théâtre du Châtelet, y finalmente el Teatro de la Ópera, todos los sábados y domingos a primera hora de la tarde, conciertos organizados por la Asociación Pasdeloup, dirigida por René Baton. Tal vez .... (12) la asociación inicialmente más audaz, pero para que los jóvenes tuvieran ciertas oportunidades había que ir a las salas de concierto de cámara, la Pleyel o bien Erard, Gaveau o la Salle des Agriculteurs. Pues bien, unas y otras salas no .... (13) llenas. La ópera sí, cuando se da ópera, porque .... (14) un gran acto social y todo el mundo sabe que la ópera de París .... (15) la que más tono mundano tiene, pero la música de concierto, nada o poco. Yo recuerdo las salas medio vacías. No quiero colgarme medallas, pero la acción que emprendimos «los Seis», que nunca .... (16) seis realmente, y especialmente la gran estatura cultural de Satie y los precoces éxitos de Honnegger, ayudaron mucho a crear un nuevo clima, pero insisto, jamás tuvimos, ni tenemos, ni tendremos el prestigio cultural y social de los escritores y los pintores. Francia tiene complejo de inferioridad musical frente a italianos y alemanes y en cambio tiene clara conciencia de su grandeza universal tanto en literatura como en artes plásticas.

M. Vázquez Montalbán
El pianista

47

—Me gustaría que me mostrases alguna de esas cartas.
—¿Para qué, si ya ha muerto?

—No importa, me gustaría lo mismo.

—Las quemé todas.

—Podías haber dicho de entrada que las habías quemado. En cambio me dijiste «¿para qué, si ya ha muerto?» Siempre lo mismo. Además, ¿por qué las quemastes, si .... (1) que verdaderamente lo has hecho? La otra vez me confesaste que guardás todas tus cartas de amor. Las cartas de ese Richard debían de .... (2) muy comprometedoras para que hayas hecho eso, ¿o no?

—No las quemé porque .... (3) comprometedoras, sino porque .... (4) tristes. Me deprimían.

—¿Por qué te deprimían?

—No sé... Richard .... (5) un hombre depresivo. Se parecía mucho a vos.

— ¿ .... (6) enamorada de él?

—Por favor...

—¿Por favor qué?

—Pero no, Juan Pablo. Tenés cada idea...

—No veo que .... (7) descabellada. Se enamora, te escribe cartas tan tremendas que juzgás mejor quemarlas, se suicida y pensás que mi idea .... (8) descabellada. ¿Por qué?

—Porque a pesar de todo nunca .... (9) enamorada de él.

—¿Por qué no?

—No sé, verdaderamente. Quizá porque no .... (10) mi tipo.

—Dijiste que se parecía a mí.

—Por Dios, quise decir que se parecía a vos en cierto sentido, pero no que .... (11) idéntico. .... (12) un hombre incapaz de crear nada, ... (13) destructivo, tenía una inteligencia mortal, ... (14) un nihilista. Algo así como tu parte negativa.

—......... (15) bien. Pero sigo sin comprender la necesidad de quemar las cartas.

—Te repito que las quemé porque me deprimían.

—Pero podías tenerlas guardadas sin leerlas. Eso sólo prueba que las releíste hasta quemarlas. Y si las releías .... (16) por algo, por algo que debería atraerte de él.

—Yo no he dicho que no me atrajese.

—Dijiste que no .... (17) tu tipo.

—Dios mío, Dios mío. La muerte tampoco .... (18) mi tipo y no obstante muchas veces me atrae.

E. Sábato
El túnel

48

«Almería .... (1) la principal ciudad de los musulmanes en tiempo de los almorávides. .... (2) entonces una ciudad y se contaba en ella, entre otras, 800 telares para tejer sedas, fabricándose telas con los nombres de holla, dibaele, siklatón, alhispaeni, ulchorcheni, etcétera. Antes de la época actual alcanzó también Almería gran renombre por la fabricación de utensilios de cobre y de hierro, y de otros objetos. El valle que depende de ella producía una gran cantidad de frutos que .... (3) vendidos a bajo precio. Este valle, que lleva el nombre de Pechina, ... (4) a cuatro millas de Almería. Veíanse allí numerosas huertas, jardines y molinos, y sus productos .... (5) enviados a Almería. El puerto de esta ciudad recibía embarcaciones de Alejandría y de toda la Siria y no había en toda España gentes más ricas ni más dadas a la industria y al comercio que sus habitantes, como tampoco más inclinadas, ora al lujo y al derroche, ora al afán de atesorar.

.... (6) edificada esta ciudad sobre dos colinas, separadas por un barranco o rambla donde hay también edificios habitables. En la primera de estas colinas .... (7) el Castillo, famoso por su fuerte posición; en la segunda, llamada Monte Lahamán, ... (8) el suburbio; toda ella .... (9) rodeada de muros con multitud de fuertes.

Por el lado del Poniente .... (10) el gran arrabal, llamado arrabal del aljibe o depósito de agua, rodeado de murallas, que encierra en su interior un gran número de mercados, edificios, posadas y barcos. En suma; Almería .... (11) una ciudad muy importante, muy comercial —muy frecuentada por los viajeros—; sus habitantes .... (12) ricos, pagaban al contado más fácilmente que en ninguna otra ciudad española y poseían inmensos capitales. El número de posadas u hosterías registradas por la Administración para pagar el impuesto del vino se elevaba a mil menos treinta. En cuanto a los telares, ya hemos dicho que .... (13) numerosos. El terreno sobre el cual .... (14) edificada la ciudad es muy pedregoso por todos lados: no lo forman sino rocas amontonadas y piedras agudas y duras; no hay tierra vegetal, como si se hubiese pasado por la criba este terreno con intención de no conservar en él sino las piedras. En la época en que escribíamos la presente obra, Almería ha caído en poder de los cristianos; sus encantos han desaparecido; sus habitantes .... (15) reducidos a la esclavitud; las casas y los edificios públicos .... (16) destruidos, y ya nada subsiste de todo ello.»

(Mohamed-al-Adrisi: *Descripción de España.* Año 1154.)

J. GOYTISOLO
La Chanca
(Texto adaptado)

49

Yo no había soñado siquiera una felicidad mayor que la de que él me pidiera algo. La magnitud del sacrificio .... (1) tan grande, sin embargo, que me estremecía. Mi cabello, cuando yo tenía dieciséis años, ... (2) mi única belleza. Aún llevaba una trenza suelta, una única, gordísima trenza que me resbalaba sobre el pecho hasta la cintura. .... (3) mi orgullo. Román la miraba día tras día con su sonrisa inalterable. Alguna vez me hizo llorar esa mirada. Por fin no la pude resistir más y después de una noche de insomnio, casi con los ojos cerrados, la corté. Tan espesa .... (4) aquella masa de cabellos y tanto me temblaban las manos que tardé mucho tiempo. Instintivamente me apretaba el cuello como un mal verdugo tratara torpemente de cercenarlo. Al día siguiente, al mirarme al espejo, me eché a llorar. ¡Ah, qué estúpida .... (5) la juventud!... Al mismo tiempo un orgullo humildísimo me corroía enteramente. Sabía que nadie .... (6) capaz de hacer lo mismo. Nadie quería a Román como yo... Le envié mi trenza con la misma ansiedad un poco febril, que fríamente parece tan cursi, de la heroína de una novela romántica. No recibí ni una línea suya en contestación. En mi casa la ocurrencia .... (7) como si hubiera caído una verdadera desgracia sobre la familia. En castigo me encerraron un mes sin salir a la calle... Sin embargo, ... (8) todo fácil de soportar. Cerraba los ojos y veía entre las manos de Román aquella soga dorada que .... (9) un pedazo de mí misma. Me sentía compensada así en la mejor moneda... Al fin volví a ver a Román. Me miró con curiosidad. Me dijo:

—Tengo lo mejor de ti en casa. Te he robado tu encanto —luego concluyó impaciente—: ¿por qué has hecho esa estupidez, mujer? ¿Por qué .... (10) como un perro para mí?

Ahora, viendo las cosas a distancia, me pregunto cómo se puede alcanzar tal capacidad de humillación, cómo podemos enfermar así, cómo en los sentidos humanos cabe una tan grande cantidad de placer en el dolor... Porque yo .... (11) enferma. Yo he tenido fiebre. Yo no he podido levantarme de la cama en algún tiempo; así .... (12) el veneno, la obsesión que me llenaba... ¿Y dice usted que si conozco a Román? Lo he repasado en todos sus rincones, en todos sus pliegues durante días infinitos, solitarios... Mi padre .... (13) alarmado. Hizo averiguaciones, la criada habló de mis «manías»... ¿Y este dolor de .... (14) descubierta, destapada hasta los rincones más íntimos? Dolor como si me arrancaran a tiras nuestra piel para ver la red de venas palpitando entre los músculos... Me tuvieron un año en el campo. Mi padre dio dinero a Román para que no .... (15) allí a mi vuelta, y él tuvo la desfachatez de aceptar y de firmar un recibo en el que el hecho constaba.

C. LAFORET
Nada

50

Pero lo más importante del jardín del sol .... (1) el pozo. Tenía un brocal de piedra verde y un arco de hierro forjado para la polea. La polea .... (2) de madera y chillaba como una golondrina. El cubo .... (3) también de madera, sujeto con aros de hierro, como las cubas, y pesaba mucho. El pozo .... (4) muy hondo y tenía el agua muy clara. A medio nivel se veía un arco oscuro que abría una galería. Alfanhuí tenía mucha curiosidad por aquello, y un día se descalzó y bajó al pozo. Metió los pies en el cubo y se descolgó, soltando la soga poco a poco, hasta que llegó a la altura de la galería. Puso un pie en el umbral y vio que el agua le llegaba por media pantorrilla, porque la galería .... (5) más somera que el pozo. Luego se soltó de la soga y encendió una lámpara que traía. Avanzó por la oscuridad. Por debajo del agua sentía en sus pies un fondo musgoso y resbaladizo con algunos guijarros. Por las paredes bajaban hilos de agua y .... (6) llenas de musgo empapado, por el que corrían unos animales como estrellas de mar, muy aplastados, y del tamaño de una mano. Una gota de agua cayó sobre el candil y Alfanhuí se quedó a oscuras. Al fondo de la galería pudo ver una brecha muy angosta con una vaga luz verdosa. Siguió avanzando y el agua se hacía más somera cada vez, hasta que pisó en seco. Llegó por fin a la brecha. Apenas cabía por allí. Entró a una especie de cueva en forma de campana, cuyas paredes .... (7) forradas de gruesas raíces. Entendió que aquello .... (8) la base del castaño. La cueva no .... (9) muy grande y tenía en el medio como un laguito de agua verdosa, en el que pescaba una columna de raicillas largas y finísimas que colgaban del techo, como una cabellera. Alrededor del charquito había una playa de arena, muy estrecha, que subía en declive hasta la pared, tocando las gruesas raíces que sujetaban la tierra y se cerraban en arco hacia arriba, como una cúpula.

R. SÁNCHEZ FERLOSIO
Alfanhuí

51

—Desde luego madruga el tío más que nadie. Por muy temprano que pases, te lo ves allí siempre, a vueltas con la fruta. Así ya puede .... (1) aquello en condiciones. Eso, las plantas lo agradecen, el que uno se moleste por ellas. La gente ésta, los alemanes quiero decir, tienen que .... (2) muy trabajadores, todos ellos. Ya ves tú, con sesenta y cinco o cerca de setenta que debe de tener el hombre éste. Por eso se explica uno el que Alemania .... (3) lo que .... (4) y .... (5) volviéndolo a .... (6), en el momento que le han dejado las manos un poco sueltas.

—Ya; ¡parecidos a nosotros...!

—Desde luego; por la otra punta. Ejemplo debíamos de tomar en muchas cosas; sin que se quieran poner comparaciones. En eso mismo que tú dices, ya ves, del agradecimiento.

—Que nada, que .... (7) otras costumbres, no hay que darle vueltas; que .... (8) otra educación muy distinta la que tienen. Y la perseverancia para todo. Aquí todo lo hacemos por las buenas, a tenor del capricho momentáneo. Y mañana ya .... (9) cansados.

—Claro, ... (10) un tesón y una constancia que aquí no lo hay. Hay otras cualidades, tampoco vas a negar; pero de eso de un día y otro y pun pun y dale que te pego..., de eso nada, fíjate, ni noción. Aquí no hay nada de eso; la ventolera y listo el bote.

—Bueno, y lo mismo que .... (11) para el trabajo, pues igual las amistades. La misma cosa tienen. Ya ves tú, que aquí hasta ridículo parece, este hombre que te viene con ofrendas y con regalos todos los días, y eso sólo porque nosotros declaramos a favor en el pleito que tuvo; como .... (12) de razón además y sin faltar a la justicia de los hechos para un lado ni para otro, no te vayas a creer, cuando querían quitarle la casa. Que el mejor día se va a pensar la gente por ahí que nos tiene comprados o poco menos.

—Di que eso no .... (13) más que un hombre, pues que se debió de creer, como .... (14) lógico, que porque .... (15) en un país extranjero, iba a tener a todo el mundo en contra suya y a favor de la parte del que es oriundo de aquí. Y al ver que no, que había quien a pesar de todo sacaba la cara por él, pues se ha visto movido al agradecimiento; y .... (16) natural que pase así.

R. Sánchez Ferlosio
El Jarama

52

—Sí, claro, naturalmente, pero ahora escucha, Quico, esto .... (1) importante, aunque a tu edad no acabes de entenderlo. Lo

que a mí me molesta .... (2) que .... (3) uno un hombre positiva-
mente honrado, alguien venga a poner en duda la honradez de sus
ideas. Si yo .... (4) honrado, mis ideas .... (5) honradas, ¿no
.... (6) así, Quico? Por el contrario, si .... (7) un tipo torcido,
mis ideas .... (8) torcidas, ¿de acuerdo? —Quico asentía maquinal-
mente y le miraba sin pestañear con sus ojos azules, infinitamente
tristes. Papá prosiguió—: Bueno, esto .... (9) así y no hay quien lo
mueva, ¿verdad? Entonces tú .... (10) en la verdad, pero llega un
pazguato o una pazguata, que para el caso .... (11) lo mismo, y trata de desmontar tu verdad con cuatro vulgaridades que le han grabado
a fuego cuando niño. Y ahí .... (12) lo grave; a ese pazguato o a esa
pazguata difícilmente podrás convencerle de que no tienen ideas, de
que lo único que tienen .... (13) aserrín dentro de la cabeza, ¿me
has comprendido?

Quico sonrió:

—Sí —dijo—. ¿Me comprarás un tanque el día de mi santo?

—Claro que sí. Lo malo .... (14) si alguien piensa que al rega-
larte un tanque te .... (15) inculcando sentimientos belicosos. Hay
personas que prefieren hacer de sus hijos unos entes afeminados antes
que verles agarrados a una metralleta como hombres.

M. Delibes
El príncipe destronado

53

Sé que me acusan de soberbia, y tal vez de misantropía, y tal vez
de locura. Tales acusaciones (que yo castigaré a su debido tiempo) .... (1) irrisorias. .... (2) verdad que no salgo de mi casa, pe-

ro también .... (3) verdad que sus puertas [cuyo número .... (4) infinito] .... (5) abiertas día y noche a los hombres y también a los animales. Que entre el que quiera. No hallará pompas mujeriles aquí ni el bizarro aparato de los palacios, pero sí la quietud y la soledad. Asimismo hallará una casa como no hay otra en la faz de la tierra. (Mienten los que declaran que en Egipto hay una parecida.) Hasta mis detractores admiten que no hay *un solo mueble* en la casa. Otra especie ridícula .... (6) que yo, Asterión, ... (7) un prisionero. ¿Repetiré que ninguna puerta .... (8) cerrada, añadiré que no hay una cerradura? Por lo demás, algún atardecer he pisado la calle; si antes de la noche volví, ello .... (9) por el temor que me infundieron las caras de la plebe, caras descoloridas y aplanadas, como la mano abierta. Ya se había puesto el sol, pero el desvalido llanto de un niño y las toscas plegarias de la grey dijeron que me habían reconocido, la gente oraba, huía, se prosternaba; unos se encaramaban al estilóbato del templo de las Hachas, otros juntaban piedras. Alguno, creo, se ocultó bajo el mar. No en vano .... (10) una reina ni madre; no puedo confundirme con el vulgo, aunque mi modestia lo quiera.

El hecho .... (11) que .... (12) único. No me interesa lo que un hombre pueda transmitir a otros hombres; como el filósofo, pienso que nada .... (13) comunicable por el arte de la escritura. Las enojosas y triviales minucias no tienen cabida en mi espíritu, que .... (14) capacitado para lo grande; jamás he retenido la diferencia entre una letra y otra. Cierta impaciencia generosa no ha consentido que yo aprendiera a leer. A veces lo deploro, porque las noches y los días son largos.

(...)

También he meditado sobre la casa. Todas las partes de la casa .... (15) muchas veces, cualquier lugar .... (16) otro lugar. No hay un aljibe, un patio, un abrevadero, un pesebre; .... (17) catorce [......... (18) infinitos] los pesebres, abrevaderos, patios, aljibes. La casa .... (19) del tamaño del mundo; mejor dicho, ... (20) el mundo. Sin embargo, a fuerza de fatigar patios con un aljibe y polvorientas galerías de piedra gris he alcanzado la calle y he visto el templo de las Hachas y el mar. Eso no lo entendí hasta que una visión de la noche me reveló que también .... (21) catorce [......... (22) infinitos] los mares y los templos. Todo .... (23) muchas veces, pero dos cosas hay en el mundo que parecen .... (24) una sola vez: arriba, el intrincado sol; abajo, Asterión. Quizá yo he creado las estrellas y el sol y la enorme casa, pero ya no me acuerdo.

J. L. Borges
La casa de Asterión
(Texto adaptado)

54

(...) Y no .... (1) por dármelas de adivina, Mario, pero cuando murió tu madre y te vi tan campante, como si nada, me di cuenta del orgullo que te recome. Y la pánfila de Esther todavía, «tu marido tiene una gran dignidad en el dolor», ya ves, puntos de vista, que me dan a elegir entre Esther y Encarna, Encarna y Esther, y me quedo con la del medio, fíjate, que, cada una a su estilo, en su vida han hecho otra cosa que malmeterte. Dignidad en el dolor, ¿qué te parece? También .... (2) ganas de trabucarlo todo. Y cuando llorabas por leer el periódico, ¿qué? Entonces .... (3) enfermo, qué bonito, que me apuesto lo que quieras a que si tú te pones a cantar el día que se murió tu madre a Esther le hubiera parecido muy bien, a escape hubiera encontrado una razón para justificarte, me apuesto lo que quieras. .... (4) como Luis: «Exceso de control emotivo. Depresión nerviosa», me río yo, que los médicos, cuando no saben qué decir, todo lo achacan a los nervios, que .... (5) muy cómodo eso. .... (6) lo mismo que cuando te quitaste el luto a los dos días porque te entristecían tus pantorrillas, habráse visto, y, encima, Esther que te comprendía, que el luto .... (7) una rutina estúpida que hay que desterrar. Anda que .... (8) bueno que no te entristecieran tus pantorrillas, ¡pues para eso .... (9) el luto, zascandil!, ¿qué te habías creído? El luto .... (10) para recordarte que tienes que .... (11) triste y si vas a cantar, callarte, y si vas a aplaudir, ... (12) quieto y aguantarte las ganas, que yo recuerdo el tío Eduardo, cuando lo de mamá, en el fútbol, como una piedra, igual, ni en los goles, fíjate, que llamaba la atención, y si alguno le decía, «¿pero tú no aplaudes, Eduardo?», él, enseñaba la corbata negra y sus amigos lo comprendían muy bien, ¿qué te crees?, «Eduardo no puede aplaudir porque .... (13) de luto», decían, y todos conformes, a ver, para eso .... (14) el luto, botarate, para eso y para que lo vean los demás, que los demás sepan, con sólo mirarte, que has tenido una desgracia muy grande en la familia, ¿comprendes?, que yo ahora, inclusive gasa, que no .... (15) que me vaya, entiéndeme, que negro sobre negro cae fatal, pero hay que aguantar las apariencias. Claro que estas leyes para ti no rigen, ni por supuesto para el zángano de tu hijo, que ahora te toca recoger lo que has sembrado, natural, los niños ya se sabe, lo que oyen en casa, a ver, menudo sofocón me hizo pasar ayer. Pero yo tengo la conciencia muy tranquila a este respecto, Mario, que cuando murió tu madre, me acuerdo como si .... (16) hoy, ni a sol ni a sombra, no te dejaba en paz, «llora, llora, que luego eso sale y .... (17) peor; anda, llora» y tú callado, como si no .... (18) contigo, hasta que saltaste, «¿por la costumbre?», que tampoco .... (19) formas, me parece a mí, que me dejaste parada, la verdad, que yo iba con la mejor intención del mundo, te lo juro, y si te decía que llorases .... (20) por la misma razón que no dejo bañarse a los niños después de comer, que parece como que .... (21) una estrambótica y una rara.

M. DELIBES
Cinco horas con Mario
(Texto adaptado)

55

Resumiendo la autobiografía: .... (1) [yo] una persona feliz. No tengo fe en nada, pero .... (2) feliz. No creo ni el el petróleo Gal; pero .... (3) feliz. No .... (4) rico ni pienso que lo .... (5) nunca; pero .... (6) feliz.

.... (7) las doce de la mañana. Salgo de casa. El calor del mediodía me acaricia la piel. Ensancho el pecho, respiro a gusto. Luego echo a andar calle abajo silbando una cancioncilla. Pasa un automóvil, le hago un regate. ¡Qué bien! Me encuentro agilísimo... Los árboles tienen un verde brillante. ¡Vivan los árboles verdes! Un perro olisquea la fachada de la casa. Lo llamo, le hago una caricia; el perro menea el rabo. Los perros... ¡Qué simpáticos .... (8) los perros! Más allá juegan unos niños. Nuestras caricias. Uno de los niños sonríe; el otro llora con furia. ¡je! ¡Tienen grancia los chicos!, ¿eh? Sigo adelante cada vez más contento. Una muchacha guapísima avanza. ¡Dios! ¡Qué guapa .... (9)! ¡Qué piernas las suyas! ¡Qué ojos! ¡Qué boca! ¡Vivan las mujeres lindas! Adelante... Llego a un café soleado y tranquilo. Extiendo las cuartillas. Me sirven el café. Tomo un sorbo .... (10) estupendo. Sabe a sidol, pero .... (11) estupendo. Enciendo un cigarro. ¡Ah! Fumar... ¡qué delicia! Debo de tener los pulmones hechos cisco, pero ¡qué delicia! ¡Ea! Al trabajo. ¡Venga, a ver... la estilográfica!... Y las cuartillas se van llenando, con el optimismo supremo de la tinta azul sobre el papel blanco y satinado.

¿No hay razones para .... (12) feliz?

E. JARDIEL PONCELA
Amor se escribe sin hache
(Texto adaptado)

56

Lucía un sol esplendoroso, un sol de esos que parecen .... (1) frotados con una gamuza, cuando Mario abrió los ojos desparramando a su alrededor la mirada.

.... (2) tumbado sobre unas rocas, frente al mar, y detrás de él se perdía en el infinito un paisaje, hosco, pelado y desértico; montes ondulados como una melena de mujer y en los cuales la vegetación se había declarado en huelga.

.... (3) en las costas meridionales de Córcega. Y hacía allí bastante más calor que en los sótanos de gaseosa de bolita.

El joven se levantó, lo miró todo detenidamente y murmuró:

—¡Todavía .... (4) vivo!

Su traje se caía en pedazos; su estómago gemía en el aburrimiento de una larga ociosidad; su piel .... (5) requemada por la permanencia en el agua y bajo el sol; su boca .... (6) pastosa y sus ojos .... (7) irritados y doloridos; el porvenir se le aparecía de un negro de humo y los nervios y músculos protestaban de una tensión excesiva... Y, sin embargo, Mario repetía con una visible satisfacción:

—¡Todavía .... (8) vivo!

Y .... (9) que la vida .... (10) con frecuencia terriblemente desagradable; pero por muy desagradable que la vida .... (11), no hay nada tan agradable como la vida para un hombre que estima que lo más agradable .... (12) la vida.

(Párrafo de la escuela benaventiana.)

....

¿Hacia dónde ir? Y se contestó a sí mismo:

«Hacia Ajaccio.»

Porque en Ajaccio le .... (13) fácil embarcar con rumbo a Francia, o quizá tuviera la suerte de topar allí con un barco que se dirigiera, por ejemplo, a Constantinopla desde donde alcanzar la Siberia. Y en Ajaccio podía telegrafiar a su administrador pidiéndole dinero. Ahora bien, ¿hacia qué parte caería Ajaccio? Volvió a contestarse a sí mismo:

«Hacia el norte.»

Sí: .... (14) hacia el norte, indudablemente, porque según los cálculos que había hecho la noche anterior, en el momento en que aquellos sinvergüenzas corsos le tiraron de nuevo al mar, la barca debía de navegar por el estrecho de Bonifacio y la resaca habría llevado su cuerpo desvanecido a las costas del sur de Córcega. Luego Ajaccio .... (15) hacia el norte. Entonces surgió otro problema: ¿y cuál .... (16) el norte? A lo que se contestó a sí mismo por tercera vez:

«El norte .... (17) aquél.»

.... (18) decir: el lado opuesto al que suponía .... (19) el sur.

Y no había equivocación posible.

E. JARDIEL PONCELA
¡Espérame en Siberia, vida mía!
(Texto adaptado)

CLAVE DE LOS EJERCICIOS

1) 1. No. Será el fin de semana que viene.—2. No. Es en la sala de juntas.—3. No. Fue cuando se le murió el hijo.—4. Será aquí.—5. No. Fue en Valencia.—6. No. Fue con todos los miembros del tribunal.—7. No. Será a última hora.—8. No. Es en la piscina cubierta.—9. No. Fue a las once.—10. No. Fue antes de la conferencia.

2) 1. es / es.—2. qué hora fue.—3. salida es a.—4. desayuno es a partir de las.—5. Cuándo es.—6. salida es.—7. son a las.—8. cuándo es (será) / dónde será.—9. es a (...) cerrada.—10. operación fue a (...) muerte.—11. pelea fue.—12. fueron.—13. choque fue.—14. cuándo es (...) inspección / inspecciones son (...) sin.

3) 1. El abucheo al torero fue por no hacer las faenas esperadas.—2. La bajada de la montaña por la expedición fue por los lugares más abruptos.—3. La botadura del barco será en presencia del primer ministro.—4. El cambio de todo por la nueva directiva será en poco tiempo.—5. La captura de varias serpientes fue en el desierto.—6. La compra de la casa será por la insistencia de tu madre.— 7. El conocimiento de esos hechos por todos fue al recibir los documentos.—8. La construcción de ese parque por el ayuntamiento será anterior a las elecciones.—9. La decepción fue al decirles que no quedaba dinero alguno.—10. La demolición de todos esos edificios fue por la presión de los especuladores.—11. La decepción de la chica fue por las circunstancias que tuvo que sufrir.—12. En esta ciudad el encendido de las farolas es bastante temprano.—13. La exención de esos impuestos fue cuando se comprobó que sus ingresos reales eran ínfimos.—14. Es verdad: la experimentación con esas sustancias fue sin advertirlo nadie.—15. La expulsión de algunos miembros por el comité del partido fue por falta de disciplina.—16. El fracaso ha sido por no hacer lo que les indiqué.—17. El hallazgo de importantes restos arqueológicos fue en la necrópolis del pueblo.—18. Parece que el incendio del bosque fue intencionado.—19. La inclinación actual de mucha gente a consumir sólo alimentos naturales es por creerlos mejores que los manipulados artificialmente.—20. La merma de las ganancias el año pasado fue por el descenso de las exportaciones.—21. El progreso del consumo de drogas es cada vez mayor entre los jóvenes.—22. La sensación de una soledad espantosa fue al morírsele su esposa.

4) 1. hay / está / estaba.—2. Está (es) / hay / está (es).—3. Hay / hay / están.—4. hay / están.—5. Hay / está / está.—6. hay / habrá / hay / está.—7. había / están.—8. hay / está / hay / estará / está.—9. hay / hay / está / está / está / está.—10. hay / está / había / está.

5) 1. hay (está).—2. haber.—3. había.—4. estaban.—5. había.—6. había.— 7. estaba.—8. había.—9. estaba.—10. estaba.—11. había.—12. estaba (había estado).

6) 1. Las clases de español son aquí.—2. El servicio de té no está donde dices.—3. La comida de la semana que viene será en el jardín.—4. Las aulas para los párvulos están en la planta baja.—5. Todas esas conferencias serán en la sala de plenos.—6. El servicio de información estará en el sector de la izquierda.—7. Las actividades programadas no serán en los locales de la fundación.—8. La comida está encima de la mesa.— 9. La manifestación estará ahora en la Gran Vía.—10. La manifestación será mañana, martes, a las ocho.—11. La contestación a la carta del señor Pérez está en la carpeta de asuntos pendientes.—12. La explosión fue a las doce más o menos, ¿verdad?—13. Las charlas son por la mañana, según creo.—14. La inspección estará (será) aquí mañana, a primera hora de la tarde.—15. La próxima función es muy pronto, dentro de unos minutos.—16. El desarrollo del proyecto está en sus etapas finales.—17. Me han dicho que la inspección de los documentos será en cuanto preparen al efecto un equipo de juristas.

7) (Copiamos sólo la[s] palabra[s] de los diálogos que deben ser sustituidas por una forma del verbo SER.) 1.A. pongo = es. B. Póngalo = es.— 2.A.van a = son en. B. Tienes que colocarlos = Son.—3.A. se colocan = son.—4.B. tienes que sentarte = eres.—5.B. Limpie primero = Primero es.—6.A. me toca a mí entrar = soy yo. B. va = es. C. le toca antes que a mí = es antes que yo.—7. Me toca a mí echar = Soy yo quien echa.— 8.B. salen = son.—9.B. se lo quitas a = son.—10.A. le echo = es. B. Después... = Es después...

8) 1.A. (preferible: ¿*Es aquí el lavabo?*).—2.A. está = es.—5.A. estoy = soy.—6.A. está = es.

9) 1. Preguntó qué hora era.—2. Son las ocho.—3. Serán las once dentro de unos momentos.—4. Las agujas estaban justamente en las doce... / Eran justamente las doce...—5. ¡Es 26 de abril ya! / ¡Estamos a 26 de abril ya!—6. ¡Estamos en primavera! / ¡Es primavera!—7. Resultaron = fueron / tuvimos algunos días = estuvimos algunos días a.—8. ha salido =

está fuera.—9. Hoy es..., mañana será... / Hoy estamos a..., mañana estaremos a...—10. ¡Estamos a mitad de mes y estoy sin un duro!—11. ... es demasiado...—12. Es la una: todavía es pronto para comer.

10) Las siete = Son las siete.—Temprano = Es temprano.—¡de día ya! = ¡es de día ya!—Primavera = Es primavera.—Hermoso día = Es un hermoso día.—Mañana, martes = Mañana es martes.—el otoño = será otoño.— Hora = Es hora.—La primera vez = Es la primera vez.—¿La primera vez? = ¿Es la primera vez?—la segunda = es la segunda.—ciertamente = es cierto.—otoño = era (en) otoño.—de noche = era de noche.—¿El mes de octubre? = ¿Era (en) el mes de octubre?—octubre = era (en) octubre.—los días = eran los días.—momentos = fueron (eran) momentos.

11) 1. Los tebeos son para ti.—2. Esas medidas fueron para que se viera cómo el gobierno controlaba la situación.—3. Las mesas son para la fiesta.—4. Todo ese dinero es para remediar algunas de las necesidades que produce el paro.—5. Tanto trabajar es para poder pagarse el piso.— 6. El dinero fue para nosotros.—7. Todas las facilidades fueron para ti, no te quejes.—8. La mitad de los bienes que dejaron de herencia sus tíos fue para él (ella).—9. El regalo de las entradas fue para que no os sintierais olvidados.—10. Poner la quinta parte del dinero será para que no digan que son unos tacaños.

12) 1. La ida a Roma fue para ver al Papa.—2. La inspección del lugar fue para comprobar que no había nada.—3. La visita del primer ministro a ese país será para dar muestras de buena voluntad.—4. Aunque no son creyentes, la boda será por la iglesia para no incomodar a la familia.—5. El acuerdo de exigir la prueba del SIDA fue para tranquilizar a la población.—6. La decisión del chico de irse fue para no ocasionar más problemas.—7. Las manifestaciones de toda esta semana serán para que el gobierno preste alguna atención a sus problemas.—8. La rendición de homenaje a todos los presentes fue para que ninguno de ellos se sintiera excluido.—9. La vuelta de ese científico famoso será para que quede claro que el gobierno no tiene nada contra él.—10. La devolución del importe del recibo será para que no haya quejas.

13) 1. La recogida de miles de firmas fue en contra del emplazamiento del nuevo aeropuerto en las proximidades del pueblo.—2. La organización de una marcha hasta la ciudad es en contra de que no hay abastecimiento de agua en el pueblo.—3. Su disertación será a favor de las indudables ventajas que presenta la dieta macrobiótica.—4. La venta de todas esas acciones es en favor del ahorro.—5. La prohibición de que fumara y de que tomara café, alcohol y bebidas carbónicas fue en favor de que no le repitiera el infarto.—6. El artículo del periódico es contra la eutanasia.—7. El examen a fondo de todos los hechos será en favor de llegar al final del

asunto.—8. Las preguntas provocativas a los que presidían la asamblea fueron a favor de que se armara un alboroto en la sala.—9. Dejar la llave debajo de la alfombrilla de delante de la puerta fue a favor de que ella la encontrara allí cuando viniera.—10. La actuación de los divos más grandes del momento será a favor de los damnificados por el terremoto.

14) 1.B. los has comprado = son.—2.A. con estas medidas pretenden frenar = estas medidas son contra. A. con esas medidas tratan de = esas medidas son para.—3.A. por el = a favor del. B. por = a favor de.—4.A. con qué objetivo están organizando = para qué es la organización de. B. quieren protestar por = es contra. C. es lo contrario = es para lo contrario.—5.B. A qué viene = Para qué es / pretenden = es para conseguir.—6.B. La he grabado con esa idea = Ha sido para eso para lo que la he grabado.—7.A. Lo hizo con la intención de = Si lo hizo fue para. B. quería = fue para.

15) 1. no me atrae = no es para mí.—2. no sirvo para el trabajo = el trabajo no es para mí.—3. no le dice nada = no es para él.—4. se os dan mal = no son para vosotros.—5. no te va bien = no es para ti.—6. no le cae bien = no es para él.—7. y no los problemas de matemáticas = en cambio, los problemas de matemáticas no son para ellos.—8. no puedo soportar la de Chaikovski = Chaikovski no es para mí.—9. no conoce la humildad = la humildad no es para él.—10. no se destaca precisamente por la generosidad = la generosidad no es precisamente para él.

16) 1. Las cucharas no son para jugar.—2. El dinero es para invertirlo en acciones.—3. Los libros son para prestarlos.—4. Los fines de semana son para descansar y no hacer nada.—5. El tiempo no es para perderlo.—6. La juventud es para aprovecharla.—7. La vida es para vivirla.—8. El día es para trabajar y la noche para dormir.—9. Los abrigos son para ponérselos.—10. Los hombres no son para llorar.

17) 1. No me parece bien: la escuela es para los chicos.—2. Es lógico: los buenos tiempos son para aprovecharlos.—3. Me parece mal: esas asociaciones no son para personas como yo.—4. Es natural: esas vejaciones no son para hombres.—5. Tiene razón: el matrimonio no es para tomarlo a broma.—6. Está mal: los impuestos deberían ser para bajarlos.—7. No está bien: los padres son para visitarlos de vez en cuando.—8. No parece lógico: este tiempo no es para que llueva tanto.—9. Es verdad, pero los amigos son para decirnos su opinión sincera sobre todo.—10. Es lógico: los padres no son para ser demasiado duros con sus hijos.

18) 1. ¡Ni hablar! Las plazas son para ofrecer espacios de recreo a los ciudadanos.—2. No estoy de acuerdo: las casas antiguas son para reconstruirlas.—3. ¡Qué disparate! La droga no es para venderla libremente.—4. depende: la vida es para tomarla como viene cuando se puede.—5. Algo más: los coches de más de veinte años son para el desguace.—6. Yo creo que sí: la salud es para ser cuidada continuamente.—7. no estoy de acuerdo: el dinero es para gastarlo, no es para otra cosa.—8. Eso es una tontería: la juventud es para pasarla lo mejor posible: el tiempo posterior será para otras cosas.—9. No me lo parece: las fiestas son para divertirse de alguna manera, ¿no?—10. Hay que dejarse de tonterías: la vida es para vivirla como mejor le vaya a uno.

19) 1. ¡Es para que la niña ya hubiera venido!—2. No era para que se pusiera de ese modo.—3. Es para que ya tuviera los dientes de leche.—4. No es para que el técnico diga eso.—5. No es para mantener una actitud así.—6. No era como para que le concedieran el premio.—7. Es para que tu marido tenga más cuidado.—8. No era para haber hervido tanto.—9. Es para que viniera mucha gente.—10. No es para hacer ese ruido infernal.

20) 1.A. estás haciendo. B. Estoy estudiando / tengo. 2.A. había / saliste. B. había / creí. 3.A. Está. B. está trabajando. 4.A. vas. B. estoy preparando / necesito. 5.A. estaba haciendo / visitaste. B. entré / estaba lavando.—6.A. están poniendo / gustan. B. Voy.—7.A. Debería / crees. B. llevas / estás perdiendo.—8.A. hizo / estaba regando. B. estás / estás bebiendo. A. estaba celebrando / hicieron.

21) 1. se pelean = están peleándose.—3. trabajamos = estamos trabajando / marchan = están marchando.—4. cenaré = estaré cenando.—6. estudias = estás estudiando.—7. vivo = estoy viviendo.—8. tomo = estoy tomando.—9. pasaba = estaba pasando.—10. pasaba = estaba pasando.—11. vivimos = estamos viviendo.—13. atendía = estaba atendiendo.—15. estudiar = estar estudiando.

22) 1. Nunca ha sido odiado por nadie.—2. Fue obligado a firmar ese documento.—3. La cantidad que falta será puesta a la recepción del paquete.—4. tal cosa no fue dicha por él.—5. Un millón fue gastado en muebles *(poco usual).*—7. Le fue dicho mil veces que tuviera cuidado, pero no hizo caso.—8. No sé si seré invitado a participar en ese homenaje.—9. No, el paquete de los libros no nos fue entregado por el portero.—10. ¿Quién fue herido en la manifestación de ayer?

23) 1. habré preparado = estará preparada.—2. la nieve ha bloqueado el camino = el camino está bloqueado por la nieve.—3. se averió ayer = está averiado desde ayer.—4. habían cerrado = estaba cerrada.—5. he puesto = está puesta.—6. me desborda tanto problema = estoy desbordado por tanto problema.—7. podré acabar esto = esto no podrá estar acabado.—8. Se ha enfadado = Está enfadado.—9. se ha cansado = está cansado.—10. consideran a Javier = Javier está considerado.

24) 1. fue.—2. está.—3. fueron.—4. fue.—5. fueron.—6. eran.—7. están.—

8. está (estará).—9. fuimos.—10. está / ha sido.—11. están / son *(distinto sentido).*—12. están.—13. Estoy.—14. fui.—15. fueron.

25) 1. ¿Sabes? Estoy por irme al cine esta tarde.—2. Esos pisos son nuevos: aún están por / sin habitar.—3. ¡Cómo! ¿Todavía están sin/por limpiar los zapatos?—4. han decidido = están por.—5. La comida está todavía por preparar.—6. Piensan = Están por.—7. hay en venta = están por/sin vender.—8. Una decisión sobre el asunto está todavía por/sin tomarse.—9. pensó = estuvo por.—10. siente deseos de = está por.

26) 1. está a punto.—2. estamos sin.—3. estuvimos a punto de.—4. estará para.—5. ha estado para (a punto de).—6. estaba (como) para.—7. estoy por.—8. está para.—9. está sin.—10. he estado a punto de.—11. está para.—12. estaba para (a punto de).—13. está (como) para.—14. estaba por.—15. está (como) para.—16. estaba para.—17. están para.

27) 1. Está.—2. ¡Ya está!—3. y ya está.—4. ¿estamos?—5. Ya está.—6. Estoy. 7. estás.—8. y ya está.—9. estás en.—10. ¿estamos?—11. Está.—12. está.—13. estar.—14. estás.—15. ¡Ya está!

28) 1. Al tenis es a lo que juegan mis vecinos.—2. Tu hermano ha sido quien / el que ha encontrado el libro que buscabas.—3. Ayer fue cuando llegaron las noticias de la catástrofe.—4. Desquiciado es como / lo que está ese individuo.—5. A Luisa ha sido a quien / la que le han dado un premio.—6. En el cajón de la mesa fue donde encontré la carta.—7. A nosotros ha sido a quienes / los que se nos han acumulado los problemas últimamente.—8. Tú eres quien / el que no quieres hacerlo.—9. Con toda claridad ha sido como lo ha explicado el profesor.—10. Es a mí a quien no quieren contármelo.—11. ¿Antonio será quien / el que lo haga?—12. La semana pasada fue cuando nos vimos.—13. Es para vosotros para quienes traigo un regalo.—14. Ha sido con Juan con quien / el que he hablado esta mañana.—15. Este balón es el que / lo que han comprado mis hijos.

29) 1. Irse ayer de excursión fue lo que hizo mi familia (Irse de excursión fue lo que hizo ayer mi familia).—2. Lo que pasa (ocurre, sucede) es que no está preparando bien los exámenes.—3. Lo que pasaba es que los jugadores estaban desconcertados.—4. Lo que pasa es que no basta ser inteligente.—5. Lo que hizo fue actuar con mucha prudencia en aquel asunto.—6. Lo que hará será quedarse a la expectativa.—7. Lo que pasó fue que tus palabras los dejaron asombrados (Lo que hicieron tus palabras fue dejarlos asombrados).—8. Lo que hizo el decano fue recibir a los representantes de los alumnos.—9. Lo que pasa es que en esta región llueve a cántaros.—10. Lo que hicieron fue despedir a veinte empleados.

30) 1. B3.—2. B2.—3. B1.—4. B2.—5. B1.—6. B2.—7. B1.

31) 1. Si (por algo) te preocupa el problema es porque no sabes resolverlo.—2. Si alguien ha disfrutado ha sido su hijo mayor.—3. Si algo debemos hacer es no darnos por enterados.—4. Si alguien lo ha escrito ha sido Ángel.—5. Si en algún sitio tuvo lugar la discusión fue en París.—6. Si se han comprado algún modelo ha sido un BX-25.—7. Si (por algo) se ha hecho notario ha sido por seguir la tradición familiar.

32) 1.B. Es que no me encontraba bien.—2. ¿Es que estás enfermo?—3.B. Eso es que le dolerá el codo.—4. Estudia, no sea que te vayan a suspender.—5. Es que he recibido una herencia inesperada.—6.B. Es que no han abierto las ventanas.—7. ¿Es que no te has ido de vacaciones? —8.B. Eso será que habrá tenido un accidente.—9. No es que me callara por cobardía, sino porque no quería que se armara un escándalo.—10.B. Es que tengo una cita a esa hora.

33) 1. Es profesor / Es profesor de matemáticas / Es profesor de matemáticas, pero está de contable en una fábrica / Es profesor, pero no ejerce ahora.—2. Es un profesor muy apreciado / Es el profesor de mis hijos / Es el profesor del primer curso.—3. Es profesor, pero no ejerce ahora.— 4. Es profesor / Es profesor de matemáticas / Está de profesor en un colegio / Es profesor de matemáticas, pero está de contable en una fábrica.—5. Es un profesor muy apreciado / Es el profesor de mis hijos / Es el profesor del primer curso.—6. Está de profesor en un colegio / Es profesor de matemáticas, pero está de contable en una fábrica / Es profesor, pero no ejerce ahora.—7. Es profesor / Es profesor de matemáticas / Es profesor de matemáticas, pero está de contable en una fábrica / Es profesor, pero no ejerce ahora.—8. Es un profesor muy conocido / Es el profesor de mis hijos / Es el profesor del primer curso.—9. Es profesor de matemáticas, pero está de contable en una fábrica.—10. Es un profesor muy apreciado / Está de profesor en un colegio / Es profesor, pero no ejerce ahora.

34) 1. es.—2. está.—3. está.—4.—es / será.—5. han sido.—6. serán.—7. ha estado.—8. está.—9. son.—10. ha estado.—11. está.—12. es.—13. somos.—14. Sería.—15. está.—16. eran.—17. está.—18. estaba.—19. están.—20. está.

35) 1. está.—2. estuvo.—3. eres/estás.—4. está.—5. es.—6. Está.—7. estar.— 8.—son.—9. estaba.—10. es.—11. es.—12. es.—13. estás.—14. está.— 15. es.

36) 1. estaba.—2. ha sido / ha estado.—3. estar.—4. es.—5. es / está.—6. es.—7. está.—8. está.—9. estar.—10. estar; estar.—11. es / está.—12. están.—13. está.—14. Estoy.—15. ha estado / ha sido.—16. ha estado.— 17. es / está.—18. es.—19. es/está.—20 es.

37) 1. es.—2. es.—3. es.—4. es.—5. Son.—6. Es.—7. es.—8. son.—9. es.—
10. ser.

38) 1. es.—2. está.—3. es / está.—4. es.—5. está.—6. está.—7. es.—8. es.—
9. es.—10. está.—11. es.—12. es.—13. sea.—14. está.—15. sea.—16.
está.—17. sea.—18. es.—19. es.—20. Es.—21. siendo.—22. soy.—23.
está.—24. estamos.—25. está.—26. Es.—27. son.—28. ser.—29. ser.—
30 es (fue).—31. fue.

39) 1. está.—2. es.—3. es.—4. sea.—5. ser.—6. está.—7. son.—8. es.—9.
esté.—10. es / está.—11. Es.

40) 1. es.—2. está.—3. están.—4. está.—5. está.—6. está.—7. está.

41) 1. son.—2. está.—3. es.—4. está.—5. está.—6. está.—7. son.—8. es.—
9. está.

42) 1. está.—2. era.—3. Era.—4. era.—5. era.—6. era.—7. era / estaba.—8.
estuvo.—9. era.—10. estaban.—11. es.—12. es.—13. son.—14. fue /
había sido.—15. ser.—16. es/era.

43) 1. estaba.—2. Era.—3. es.—4. estaba.—5. Es.—6. esté /sea.—7. soy.—
8. siendo.—9. era.—10. es.—11. ser.

44) 1. fue.—2. estaba.—3. estaban.—4. fue.—5. Era.—6. estaba.—7. esta-
ba.—8. estaba.—9. estaba.—10. Era / Fue.—11. estaba.—12. estuvieran.—13. estaba.

45) 1. era.—2. sería.—3. Estaría.—4. es / sea.—5. era.—6. fuese.—7. es /
era.—8. ser.—9. ser.—10. era.

46) 1. ser.—2. es.—3. fue.—4. fue.—5. es.—6. era.—7. ser.—8. era.—9.
somos.—10. era.—11. estaba.—12. fuese.—13. están.—14. es.—15.
es.—16. fuimos.

47) 1. es.—2. ser.—3. fueran.—4. eran.—5. era.—6. Estabas.—7. sea.—8.
es.—9. estuve.—10. era.—11. fuera.—12. era.—13. era.—14. era.—15.
Está.—16. sería.—17. era.—18. es.

48) 1. fue.—2. Era.—3. eran.—4. está.—5. eran.—6. Estaba.—7. estaba.—
8. estaba.—9. estaba.—10. estaba.—11. era.—12. eran.—13. eran.—14.
estaba.—15. están.—16. están / han sido.

49) 1. era.—2. era.—3. Era.—4. era.—5. es.—6. sería.—7. fue.—8. era.—9.
era / había sido.—10. eres.—11. he estado.—12. era.—13. estaba.—14.
ser.—15. estuviera.

50) 1. era.—2. era.—3. era.—4. era.—5. era.—6. estaban.—7. estaban.—8. era.—9. era.

51) 1. estar.—2. ser.—3. fuera.—4. fue.—5. esté.—6. ser.—7. son.—8. es.— 9. estamos.—10. es.—11. son.—12. era.—13. es.—14. era.—15. estaba.—16. es.

52) 1. es.—2. es.—3. siendo.—4. soy.—5. son.—6. es.—7. son.—8. son.—9. es.—10. estás.—11. es.—12. está.—13. es.—14. es.—15. estoy.

53) 1. son.—2. Es.—3. es.—4. es.—5. están.—6. es.—7. soy.—8. está.—9. fue.—10. fue.—11. es.—12. soy.—13. es.—14. está.—15. son / están.— 16. es.—17. son.—18. son.—19. es.—20. es.—21. son.—22. son.— 23. es.—24. ser.

54) 1. es.—2. son.—3. estabas.—4. Es.—5. es.—6. es.—7. era.—8. estaría.—9. es.—10. es.—11. estar.—12. estarte.—13. está.—14. es.—15. es.—16. fuera.—17. es.—18. fuera.—19. son.—20. era.—21. fuera.

55) 1. Soy.—2. soy.—3. soy.—4. soy.—5. seré.—6. soy.—7. Son.—8. son.—9. es.—10. Está.—11. está.—12. ser.

56) 1. ser / estar.—2. Estaba.—3 Estaba.—4. estoy.—5. estaba.—6. estaba.—7. estaban.—8. estoy.—9. es.—10. es.—11. sea.—12. es.—13. sería.—14. estaba.—15. estaba.—16. era.—17. es.—18. Es.—19. ser.

SELECCIÓN BIBLIOGRÁFICA

ALARCOS, E.:
«Pasividad y atribución en español», en *Estudios de gramática funcional del español*. Madrid, Gredos, 2.ª edic., 1978, págs. 124-132.

ALARCOS, E.:
«¡Lo fuertes que eran!», *ibídem,* págs. 178-191.

BOLINGER, D. W.:
«Still more on 'ser' and 'estar'», *Hispania,* 30 (1947), págs. 361-367.

CARRASCO, F.:
«'Ser' vs 'estar' y sus repercusiones en el sistema», *Thesaurus, Boletín del Instituto Caro y Cuervo,* 29 (1974), págs. 316-349.

CIROT, G.:
«'Ser' and 'estar' again», *Hispania,* 14 (1931), págs. 279-288.

CRESPO, L. A.:
«'Ser' and 'estar': The solution of the problem», *Hispania,* 32 (1949), págs. 509-516.

DEMONTE, V.:
«Semántica y sintaxis de las construcciones con 'ser' y 'estar'», *Revista Española de Lingüística,* 9-1 (1979), págs. 133-171.

FALK, J.:
SER y ESTAR con atributos adjetivales. Anotaciones sobre el empleo de la cópula en catalán y en castellano. Uppsala, Acta Universitatis Upsaliensis, 1979.

GONZÁLEZ MUELA, J.:
«'Ser' y 'estar'. Enfoque de la cuestión», *Bulletin of Hispanic Studies,* 38 (1961), págs. 3-12.

Gutiérrez, S.:
   Variaciones sobre la atribución, León. Universidad de León, 1986.

Luján, M.:
   Sintaxis y semántica del adjetivo, Madrid, Cátedra, 1980.

Martínez Álvarez, J.:
   «Sobre algunas estructuras atributivas», en *Lecciones del I y II Cursos de Lingüística Funcional,* Oviedo, Universidad de Oviedo, 1985; págs. 111-119.

Martínez, J. A.:
   «Construcciones 'ecuacionales': un dilema en gramática normativa», en *Actas del II Simposio Internacional de Lengua Española,* Excelentísimo Cabildo Insular de Gran Canaria, 1984; págs. 99-112.

Monge, F.:
   «'Ser' y 'estar' con participios y adjetivos», *Boletim de filologia,* 18 (1959); págs. 213-227.

Moreno Cabrera, J. C.:
   «Atribución, ecuación y especificación: tres aspectos de la semántica de la cópula en español», *Revista Española de Lingüística,* 12-2 (1982); págs. 230-245.

Morley, G.:
   «Modern uses of 'ser' and 'estar'», *Publications of the Modern Language Association of America,* 40 (1925); págs. 450-489.

Navas Ruiz, R.:
   Ser y estar. El sistema atributivo del español, Edición renovada. Salamanca, Almar, 1977.

Rodríguez, B.:
   «L'attribut en espagnol: essai d'une description et classification fonctionnelle», *La Linguistique,* 18-2 (1982); págs. 33-48.

Vañó-Cerdá, A.:
   Ser y estar + adjetivos. Un estudio sincrónico y diacrónico. Tübingen, Gunter Narr Verlag, 1982.

ÍNDICE

TITULOS DE LA COLECCIÓN
PROBLEMAS BÁSICOS DEL ESPAÑOL

Usos de «se».
Aspectos del español hablado.
Usos de «ser» y «estar».
El subjuntivo.
El adverbio.